# Contes et légendes du monde francophone

## A Collection of Tales from the French-speaking World

## Andrée Vary
## Claire Brouillet

National Textbook Company

*a division of* NTC/CONTEMPORARY PUBLISHING GROUP
Lincolnwood, Illinois USA

**Cover and Interior Design**
Linda Snow Shum

**Cover Illustration**
Ophelia M. Chambliss

**Interior Illustrations**
Marcy Ramsey

**Interior Maps**
Mountain High Maps © 1993 Digital Wisdom, Inc.

Published by National Textbook Company,
a division of NTC/Contemporary Publishing Company
© 1997 by NTC/Contemporary Publishing Company, 4255 W. Touhy Avenue,
Lincolnwood (Chicago), Illinois 60646-1975 U.S.A.
Manufactured in the United States of America
ISBN: 0-8442-1209-1

9 VP 0 9 8 7 6 5 4 3

# Table des matières

# Introduction

*I*t's very difficult to pin down the sources of traditional tales. Similar legends circulate among countries and even from one continent to the other, going back to the beginnings of time itself. Of course, each culture has its indigenous variations, and each storyteller his or her versions. Traditional tales show how the world's men and women are linked within a single community; at the same time, they display the specific characteristics of different cultures.

There are more than 50 French-speaking countries or regions in the world today. This book presents sixteen stories that will transport you to sixteen different French-speaking cultures. Welcome to *Contes et légendes du monde francophone.*

## Tales to Educate and Amuse

Stories are important vehicles for both culture and civilization. At a time when radio and television did not exist, and especially in cultures without written language, stories were vital. They transmitted beliefs, thought, myths, customs, moral and social values, secrets, and tips for daily living, from generation to generation.

Thus, these short dramatic or comic tales have pedagogical value. For all peoples, stories are a way to learn while having fun. For this collection, we have selected and retold stories stemming from oral tradition, adapting them for teaching purposes. In choosing subject matter, style, vocabulary, and syntax, as well as the overall structure and length of the stories, we kept the needs of the classroom in mind.

## An Evening of Storytelling, as If You Were There

After a long day of work, evenings are a time to relax. After neighbors have discussed the events of the day, the storyteller's voice emerges. Appearing over the sounds of grasshoppers and crickets, it summons everyone nearby to the fireside.

To everyone's delight, the storyteller is an actor, improvising short stories on familiar backgrounds. The storyteller knows human nature and the traits of plants and especially of animals (the lion, the hyena, the rabbit, the billy-goat, the dog, the turtle, the falcon ...). They all have lessons to share with each member of human society.

## Exercises, to Help You Understand the Tales

The exercises that follow each story—both pre-reading and post-reading activities—are designed to aid comprehension and thus add to the pleasure of reading these jewels of civilization.

# Au professeur

*H*ere are some tips that will help you plan lessons and class-room work with *Contes et légendes du monde francophone.*

1. We have retold these stories in an informal written style, avoid-ing the **plus-que-parfait,** the **futur antérieur,** and the **condi-tionnel passé,** which students at this level have not yet studied, as well as all the literary past and subjunctive tenses. Only the **présent de l'indicatif,** the **imparfait,** the **passé composé,** the **futur,** and the **conditionnel présent** appear in this volume, as well as a few recognizable verbs in the **présent du subjonctif.**

2. The exercises were prepared within the context of the ACTFL proficiency guidelines, as defined by Alice Omaggio in *Teach-ing Language in Context.*[1] (Omaggio's chapters on reading and listening comprehension are particularly interesting.)

3. June Phillips has addressed the two main motivations of read-ers: information and pleasure.[2] Knowing that students usually try to race through a text in search of information, we have consciously tried to choose tales that have a humorous spin or tales that treat universal themes.

4. Preparation for reading is important at all levels of profi-ciency. As Omaggio points out, it helps "develop skills in an-ticipation and prediction."[3] This step includes looking at the

---

[1] Alice C. Omaggio, *Teaching Language in Context, Proficiency-Oriented Instruction* (Boston: Heinle and Heinle, 1986).
[2] June K. Phillips, "Practical Implications of Recent Research in Reading," *Foreign Language Annals* 17 (1984): 285–296.
[3] Omaggio, 157.

title, illustrations, first line of the text, and trying to predict or hypothesize what might come later. This is followed by the skimming/scanning stages. Phillips sees these as distinct steps: (1) getting the gist, and (2) locating specific information. She feels that practice in each of these skills is important. Along with other strategies, they can be acquired through paragraph-by-paragraph reading, identifying main ideas, paraphrasing the ideas, creating headlines for separate passages, and finally, by making global judgments on a text.

Phillips feels that the decoding/intensive reading stage, during which students are "learning to read" rather than "reading to learn," is most important. Foot glosses are provided for new vocabulary so that the reader can focus on the text without laborious dictionary searches. Finally, to ensure that the student has integrated the reading, Phillips maintains that exercises should be used to enhance reading skills and effective reading strategies. Exercises that encourage contextual guessing, selective reading for main ideas, appropriate dictionary usage, and effective rereading strategies to confirm hypotheses are among those identified as especially helpful at this stage.[4]

5. To facilitate comprehension, each story is illustrated. Illustrations are intended to give contextual information, mostly from events/circumstances in the middle to the latter part of each tale, so that the reader has some visual information with which to anticipate the text.

6. The teacher should direct the students to do the exercises in two steps. Pre-reading exercises are followed by those geared specifically to the content of the reading. These can be done at the same time the student is doing his or her initial reading of the text, or after a first quick reading. Students start by identifying the main ideas, then move on to the practice of new vocabulary, then to answering specific questions on the text, and finally work together on answers to a discussion question.

---

[4]Phillips, 294–295.

# Bibliographie

Baissac, C. *Le Folk-Lore de L'Île-Maurice*. Paris: Maisonneuve et Ch. Leclerc, 1888.

Basset, René. *Contes populaires d'Afrique*. Paris: Maisonneuve et Larose, 1969.

Beling-Nkoumba. *Contes du Cameroun*, Jalousé, Éd. CLE, 1978.

Bemananjara, Zefaniasy. *Contes de Madagascar*, Collection Fleuve et Flamme. Paris: Conseil international de la langue française (CILF), 1980.

Binam Bikoï, Charles. *Contes du Cameroun*, Collection La légende des mondes. Paris: L'HARMATTAN, 1986.

Cendrars, Blaise. *Anthologie nègre*. Paris: Éd. Buchet/Chastel, 1971.

Césaire, Ina. *Contes de nuits et de jours aux Antilles*. Paris: Éd. Caribéennes, 1989.

Chevrier, Jacques. *L'arbre à palabres, Essai sur les contes et récits traditionnels d'Afrique noire*. Paris: Hatier, 1986.

Dadié, Bernard B. *Les contes de Koutou-as-Samala*. Paris: Éd. Présence africaine, 1982.

Dadié, Bernard B. *Légendes africaines*. Paris: Seghers, 1954.

Dadié, Bernard B. *Le Pagne noir*. Paris: Dakar, Éd. Présence africaine, 1955.

Dantioko, Oudiary Makan. *Contes et légendes Soningé, Mali, Sénégal, Mauritanie*. Collection Fleuve et Flamme. Paris: Conseil international de la langue française, 1978.

Delais, Jeanne. *Les mille et un rires de Dj'ha*. Collection La légende des mondes. Paris: L'HARMATTAN, 1986.

Diop, Ousmane Socé. *Contes et légendes d'Afrique noire*. Paris: Éditions Latines, 1962.

Georgel, Thérèse. *Contes et légendes des Antilles*. Paris: Nathan, 1963.

Görög, Veronika. *Contes populaires du Mali.* Paris: P.O.F., 1979.

Greaux-Bernier, Agnès. Mémoire de maîtrise. *Transcription et analyse de dix contes de Saint-Barthélémy (Antilles françaises).* Département d'études françaises, faculté des Arts et des Sciences, Université de Montréal, 1987.

Hampâté, Amadou. *Petit Boudiel et autres contes de la savane.* Paris: Stock, 1994.

Juraver, Jean. *Contes créoles.* Collection La légende des mondes. Paris: L'HARMATTAN, 1987.

Kamanda, Kama. *Contes du griot.* Paris, Dakar: Éd. Présence africaine, 1988.

Kamanda, Kama. *Les contes des veillées africaines,* Collection La légende des mondes. Paris: L'HARMATTAN, 1989.

Lafage, Suzanne et Papapietro, Laurent. *Contes des lagunes et des savanes,* Collection Fleuve et Flamme. Paris: Conseil international de la langue française, 1975.

Luccioni, Jean-Pierre. *Contes à dormir debout.* Paris: Éd. José Milles-Martin, 1960.

Luccioni, Jean-Pierre. *Contes et légendes corses,* Collection Fleuve et Flamme. Paris: CILF, 1986.

Lundja. *Contes du Maghreb,* S.A.H.Y.K.O.D., Collection La légende des mondes. Paris: L'HARMATTAN, 1987.

Meyer, Gérard. *Paroles du soir, contes toucouleurs (Sénégal, Mauritanie, Mali, Guinée),* Collection La légende des mondes. Paris: L'HARMATTAN, 1988.

Ousmane Kouna, Albakaye. *Contes de Tombouctou et du Macina,* tome 1, Collection La légende des mondes. Paris: L'HARMATTAN, 1987.

Paul, Emmanuel C. *Panorama du folklore haïtien,* Présence africaine en Haïti. Port-au-Prince (Haïti): Imprimerie de L'État, 1962.

Paulme, Denise et Seydou, Christiane. «Le conte des alliés animaux dans l'Ouest africain», *Cahier d'Études africaines,* 12 (1), 1972.

Roy Fombrun, Odette. *Contes d'Haïti,* Collection Contes du monde entier. Paris: Nathan, 1985.

Rugamba, Cyprien. *Contes du Rwanda,* Collection Fleuve et Flamme. Paris: CILF, 1983.

Scelles-Millie, J. *Légende dorée d'Afrique du Nord.* Paris: Maisonneuve et Larose, 1973.

Scelles-Millie, J. *Paraboles et contes d'Afrique du Nord.* Paris: Maisonneuve et Larose, 1982.

Sefrioui, A. *Le jardin des sortilèges,* Collection La légende des mondes. Paris: L'HARMATTAN, 1987.

Sidibé, Mamby. *Contes populaires du Mali,* vol. 1 et 2. Paris, Dakar: Éd. Présence africaine, 1982.

Tessonneau, Louise. *Contes créoles d'Haïti,* Collection Fleuve et Flamme. Paris: CILF, 1980.

Tsoungui, Françoise. *Clés pour le conte africain et créole,* Collection Fleuve et Flamme. Paris: CILF, 1986.

Vallerey, Gisèle. *Contes et légendes d'Afrique noire.* Paris: Éd. Fernand Nathan, 1950.

Viallon, Jacky. *Le sens de l'ombre: contes et nouvelles à lire et à jouer.* Carnières (Belgique): Éd. Lansman, 1993.

Yago, Amidou. *La tradition orale, image d'une société.* Mémoire de maîtrise, Université Paris III, Sorbonne Nouvelle, 1980.

Zandou, Bâba. *Bâba Zandou raconte, Contes peuls du Cameroun,* Collection Fleuve et Flamme. Paris: CILF, 1983.

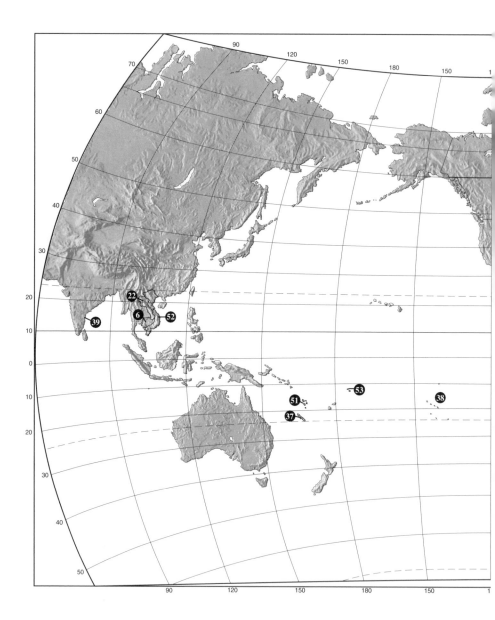

# Le Monde francophone

# Un conte du Burkina Faso

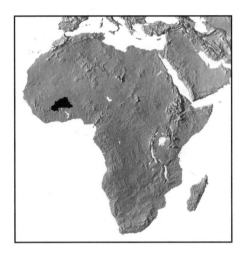

Le thème de la femme infidèle¹ revient souvent dans les contes oraux. Le mari, qui n'est pas souvent à la maison, y soupçonne² son épouse³—ou une de ses épouses—de le tromper⁴ avec un autre homme. Mais les femmes sont habiles⁵ et montrent souvent une étonnante liberté.

    Dans le conte suivant, la femme semble se moquer de⁶ son mari, qui la suit à la trace.⁷ Elle est plus intelligente que lui et lui donne une leçon: qu'il la suive ou pas,⁸ rien ne l'empêchera⁹ de rencontrer qui¹⁰ elle veut! La pintade,¹¹ dont il est question dans le conte, est le cadeau offert symboliquement par l'amant,¹² souvent au moment de la demande en mariage.¹³

---

¹**infidèle** unfaithful   ²**soupçonne** suspects   ³**épouse** wife   ⁴**de le tromper** of deceiving him   ⁵**habiles** clever   ⁶**se moquer de** to make fun of   ⁷**la suit à la trace** follows her closely   ⁸**qu'il la suive ou pas** whether or not he follows her   ⁹**empêchera** will prevent   ¹⁰**qui** whomever   ¹¹**pintade** guinea hen   ¹²**amant** lover   ¹³**demande en mariage** marriage proposal

## Pour commencer ...

1. Avant de faire la lecture du conte, lisez d'abord le titre et regardez l'illustration. Lisez ensuite les deux premières phrases et essayez de prédire le thème de l'histoire.

2. Faites une première lecture rapide du texte et donnez un sous-titre à chacune des cinq sections.

# *Rien ne sert de surveiller*[14] *sa femme!*

**I**

Il y avait une fois un homme qui préférait l'une de ses épouses aux autres à cause de sa grande intelligence et de sa beauté. Il se doutait[15] cependant qu'elle avait un amant. Quand elle allait au ruisseau[16] laver les ustensiles, elle revenait souvent en chantant. Quand elle allait au marché, elle semblait toute joyeuse. Il était sûr, alors, qu'elle allait rencontrer son rival.

**II**

Un jour, il a décidé de la suivre partout. Si elle allait au marché, son mari la suivait. Quand elle allait au champ,[17] il était là, derrière elle. Quand elle allait au lac chercher de l'eau ou faire la lessive,[18] il la suivait encore. Cela ne voulait pas dire[19] qu'il l'aidait à faire les travaux réservés aux femmes! C'est toujours elle qui faisait les travaux domestiques et qui portait tout, comme si elle était seule.

---

[14]**surveiller** in spying on    [15]**se doutait** suspected    [16]**ruisseau** stream    [17]**champ** field    [18]**faire la lessive** to do the laundry    [19]**ne voulait pas dire** didn't mean

La pauvre femme, exaspérée, décide de donner une leçon à son mari. Une fois qu'il s'est un peu éloigné,[20] elle monte un plan avec son amant (car elle en avait bien un, et il n'était jamais bien loin):

—Pourquoi mon mari aurait-il le droit[21] d'avoir plus d'une femme et que moi, je n'ai pas le droit de t'aimer? Jouons-lui un tour.[22] Attends-moi, demain, dans cet arbre, avec une belle pintade! Je m'arrêterai en passant et tu pourras la mettre discrètement dans le grand plat que je porterai sur la tête. Il aura sa leçon.

### III

Le jour suivant, à l'heure dite,[23] la femme va au ruisseau faire la lessive. Le mari la suit, comme d'habitude. Elle termine son travail, rince son panier[24] et prend le linge[25] dans ses bras. Alors, elle demande à son mari de lui poser son grand plat sur la tête. Il voit ainsi que le plat est bel et bien[26] vide. Elle a sa petite idée!

Ils retournent donc à leur case,[27] la femme devant, le mari derrière. Quand ils passent près de l'arbre en question, la femme dit à son mari:

—Je crois que j'ai une épine[28] dans le pied. Rends-toi utile et ôte-la-moi![29] Tenant son plat vide sur la tête, elle s'appuie à[30] l'arbre. Son amant en profite[31] pour mettre la pintade dans le plat. Le mari ne s'aperçoit de rien. Quand sa femme repart, il repart derrière elle.

### IV

Quand ils arrivent à la case, la femme demande au mari de vider[32] le plat qu'elle a sur la tête pendant qu'elle dépose[33] la lessive.

—Mais il est déjà vide: c'est moi-même qui l'ai posé sur ta tête!

—Allez!

---

[20]**éloigné** out of the way    [21]**aurait-il le droit** would he have the right    [22]**Jouons-lui un tour.** Let's play a trick on him.    [23]**à l'heure dite** at the appointed time    [24]**panier** basket    [25]**linge** laundry    [26]**bel et bien** really and truly    [27]**case** hut    [28]**épine** thorn    [29]**ôte-la-moi** take it out for me    [30]**s'appuie à** leans on    [31]**en profite** takes advantage of it    [32]**vider** to empty    [33]**dépose** puts down

Quelle surprise quand le mari en voit tomber une pintade! Ainsi, même en sa présence, sa femme avait réussi à le tromper! Depuis ce jour, le mari laisse sa femme sortir[34] toute seule.

V

Il ne sert vraiment à rien de surveiller sa femme!

## Exercices

**1.** Voici une série de mots et d'expressions choisis dans le texte: «soupçonne», «suivre», «amant», «donner une leçon». À partir de ces mots, pouvez-vous dire si, dans le conte,

  **a.** une femme soupçonne son mari.
  **b.** une femme veut donner une leçon à son mari.
  **c.** le mari soupçonne sa femme.
  **d.** l'amant veut donner une leçon au mari.

Il y a plus d'une bonne réponse.

**2.** Dans le passage suivant, dites à quoi se réfère le pronom en italique:

  «Quelle n'est pas sa surprise quand il *en* voit tomber une pintade!»

Ici, le pronom «en» se réfère

  **a.** au mari.
  **b.** au plat.
  **c.** à la femme.
  **d.** à la tête de la femme.

**3.** Répondez, oralement ou par écrit, aux questions suivantes:

  **a.** Que fait le mari pour savoir si sa femme lui est fidèle? Donnez divers exemples.
  **b.** Que fait la femme pour donner une leçon à son mari?

**4.** Inventez un dialogue entre le mari et la femme au lendemain de cette aventure, quand la femme part pour le marché.

---

[34]**laisse sa femme sortir** lets his wife go out

# 2

# Un conte de la Côte-d'Ivoire

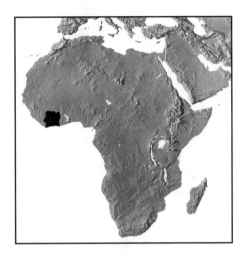

*Le conte suivant nous présente un personnage qui devra faire face à[1] des êtres[2] plus puissants[3] que lui. Seule l'intelligence du tailleur[4] peut l'aider à éviter le piège tendu[5] par ses trois dangereux clients. S'il ne peut pas s'en échapper,[6] il va certainement mourir.*

## Pour commencer ...

1. Avant de lire le conte, lisez-en le titre et le premier paragraphe. Ensuite, regardez l'illustration. Répondez ensuite oralement aux questions ci-dessous:

    **a.** Croyez-vous que ces trois personnages sont amis?
    **b.** Où vont-ils? Comment sont-ils habillés?

2. Faites une première lecture rapide du texte et donnez un sous-titre à chacune des quatre sections.

---

[1]**faire face à** to confront    [2]**êtres** beings    [3]**puissants** powerful    [4]**tailleur** tailor
[5]**piège tendu** trap laid    [6]**s'en échapper** escape

# *Le Tailleur futé*[7]

## I

*D*ans un village, on préparait des funérailles. À cette occasion, selon une coutume locale, tout le monde voulait faire la fête[8] en l'honneur du mort. On danserait toute la nuit, chacun dans ses plus beaux vêtements!

## II

Trois compères,[9] la Mort, le Diable et la Malchance,[10] veulent participer à la fête. Ils vont donc chez le tailleur pour se faire fabriquer de nouveaux vêtements. Hélas! le tailleur est trop occupé, car[11] il doit habiller tout le village. Il refuse ces nouveaux clients en leur disant:

—Impossible! Je n'ai pas le temps. J'ai sept costumes à fabriquer aujourd'hui et sept autres demain!

—Ce n'est pas grave! Tu travailleras cette nuit, disent les trois casse-pieds.[12] Nous reviendrons demain matin. Si tu ne termines pas nos vêtements, ça ira mal pour toi! N'oublie pas nos noms: nous sommes la Mort, le Diable et la Malchance!

Avant de repartir, chacun des trois vilains[13] amis dessine[14] le costume de son choix. Puis, ils partent tous les trois, main dans la main, en chantant à tue-tête.[15]

—Ce sont trois personnages dangereux, se dit le tailleur. Il vaut mieux ne pas les décevoir.[16] Voyons ce qu'ils me demandent:

Un des costumes était de style classique. De couleur sombre. Noir et triste.

Pour qui? (*Devinez!*)[17]

Un autre était très complexe, bizarre, avec 242 poches, des pièces[18] de toutes les couleurs, surtout du rouge très vif.[19]

---

[7]**futé** clever　　[8]**faire la fête** to party　　[9]**compères** pals, buddies　　[10]**Malchance** Bad Luck　　[11]**car** for, because　　[12]**casse-pieds** pains-in-the-neck　　[13]**vilains** nasty [14]**dessine** draws　　[15]**en chantant à tue-tête** singing very loud　　[16]**décevoir** disappoint　　[17]**Devinez!** Guess!　　[18]**pièces** patches　　[19]**vif** bright

Pour qui? (*Devinez!*)

Le troisième était un costume étonnant, au bord[20] à moitié défait.[21] Il était déchiré[22] et plein de taches[23] ici et là. En fait, c'était un vêtement qui avait déjà beaucoup souffert.

Pour qui, pensez-vous? (*Devinez!*)

### III

Le lendemain, le tailleur voit venir de loin[24] les trois personnages. Le premier, à gauche, marche tout tordu[25] et fait des gestes ridicules.

Qui est-ce? (*Devinez!*)

Celui du centre s'approche d'un pas[26] sûr et ferme. Il avance droit devant lui sans la moindre[27] hésitation.

Qui est-ce? (*Devinez!*)

Le personnage de droite est maladroit.[28] En avançant, il s'accroche[29] les pieds et trébuche[30] sur les roches, il tombe, se relève et s'accroche dans ses vêtements.

Qui est-ce? (*Devinez!*)

Quand les trois compères arrivent à la boutique du tailleur, il leur dit qu'il n'a pu fabriquer qu'un seul costume. Il a—on l'imagine aisément—rempli la commande[31] du personnage dont il a le plus peur. Chacun des trois se dit alors: «Ce costume est sûrement pour moi. Bravo! Le tailleur fait bien de me craindre!»[32] Alors, le tailleur montre le costume qu'il a fabriqué. C'est celui de …

Lequel? (*Devinez!*)

C'est bien celui de la Malchance. Elle met vite son costume et part en courant, toute contente.

Le tailleur est vraiment futé d'avoir satisfait la Malchance, car, si la Malchance part, les deux autres ne peuvent rien faire contre lui.

---

[20]**bord** hem      [21]**à moitié défait** half undone      [22]**déchiré** torn      [23]**taches** spots
[24]**de loin** in the distance      [25]**tordu** (in a) twisted (manner)      [26]**pas** step
[27]**moindre** least      [28]**maladroit** awkward      [29]**s'accroche** catches      [30]**trébuche** stumbles      [31]**a … rempli la commande** filled the order      [32]**craindre** fear

—Mort aux rats!³³ dit la Mort en s'en allant.

—Diable aux vaches!³⁴ dit le Diable en se sauvant.

### IV

Méfiez-vous!³⁵ Sur votre chemin, vous pourriez rencontrer les trois compères! Évitez à tout prix³⁶ la Malchance; c'est votre pire³⁷ ennemie. Sans elle, tout va bien. Avec elle, la Mort peut vous emporter chez le Diable!

## Exercices

1. Dans la deuxième section du texte, comment devinez-vous quel est le costume de la Malchance? du Diable? de la Mort? Faites des phrases complètes pour répondre.

2. En lisant le texte, vous avez appris plusieurs nouveaux mots ou nouvelles expressions. En voici quelques-uns: «casse-pieds», «faire la fête», «chanter à tue-tête». En vous servant de ces mots et d'autres que vous connaissez, composez un paragraphe, oralement ou par écrit, dans le même contexte que le conte ou, si vous le préférez, dans un contexte différent.

3. Dans la phrase suivante, indiquez l'antécédent du pronom en italique: «Il a—on l'imagine aisément—rempli la commande du personnage *dont* il a le plus peur.» À qui ou à quoi se réfère ce pronom?

   Ici, «dont» se réfère

   **a.** à la commande.
   **b.** au personnage.
   **c.** à la peur.
   **d.** au tailleur.

4. Pourquoi le tailleur a-t-il décidé de faire le costume de la Malchance?

---

³³**Mort aux rats!** ³⁴**Diable aux vaches!** (both common sayings expressing anger and, here, plays on words)   ³⁵**Méfiez-vous!** Beware!   ³⁶**Évitez à tout prix** Avoid at all cost   ³⁷**pire** worst

# 3

# Un conte du Gabon

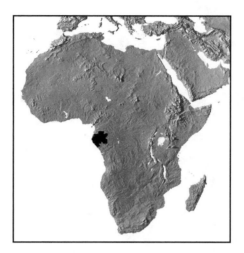

*Ce conte présente des traditions chères aux Africains:
le respect des étrangers, le cadeau d'hospitalité offert aux
hôtes,[1] le jugement du Conseil des sages[2] pour régler[3] un
problème difficile.*

*Les histoires d'ogres sont fréquentes dans toutes les
traditions, mais, quand l'ogre est aussi un linguiste, il peut
faire des malheurs![4]*

## Pour commencer ...

1. Avant de lire le conte, lisez-en le titre et la première phrase.
   Ensuite, regardez l'illustration et répondez aux questions
   suivantes:

   **a.** Pensez-vous que le géant Moni-Mambu rencontrera des
   gens dans les champs?

   **b.** Est-ce que sa visite rendra tout le monde heureux?

---

[1]**hôtes** guests    [2]**Conseil des sages** Council of Elders    [3]**régler** to settle
[4]**malheurs** misfortunes

**2.** Faites une première lecture rapide du conte et donnez un sous-titre aux sections IV et V.

# Ce sont les paroles[5] qui mènent[6] le monde!

## I

Un jour, un géant bien connu, Moni-Mambu, est venu faire une petite promenade dans les champs. Les femmes étaient en train de[7] récolter[8] les arachides.[9] Or,[10] selon[11] la coutume du pays, on doit donner un cadeau d'hospitalité à tout nouveau venu.[12] Cependant, ces femmes n'avaient rien à donner. Elles ramassaient[13] les arachides tout en gardant un œil sur leurs enfants qui jouaient dans le champ voisin.[14] Pour respecter la tradition, elles ont dit à l'étranger:

—Monsieur! Prenez ces arachides. Allez les manger avec nos enfants.

Le géant se demande s'il a bien entendu:

—Avez-vous dit «avec nos enfants»?

—Oui, avec nos enfants, dans le champ voisin.

Le géant est déjà tout content, car il aime les arachides et … les enfants. Alors, il s'amuse comme un fou[15] avec eux pendant un certain temps. Il mange toutes les arachides qu'on lui a données, mais il a un immense estomac et une grande faim. Quand l'ogre—car[16] c'en était un![17]—n'a plus trouvé d'arachides, il a

---

[5]**paroles** words    [6]**mènent** lead, guide    [7]**étaient en train de** were busy (in the midst of)    [8]**récolter** harvesting    [9]**arachides** peanuts    [10]**Or** Now    [11]**selon** according to    [12]**nouveau venu** newcomer    [13]**ramasser** to gather    [14]**champ voisin** neighboring field    [15]**fou** madman    [16]**car** for    [17]**c'en était un** that's just what he was

dévoré deux enfants. (C'est en effet la nourriture habituelle des ogres.)

## II

À la fin de la journée, les femmes viennent chercher leurs enfants. Il en manque deux![18] Les mères crient d'horreur. L'ogre leur dit:

—Mais je vous ai demandé si j'avais bien compris. Vous m'avez bien confirmé: «Tu peux aller manger des arachides *avec* nos enfants». C'est ce que j'ai fait!

## III

Alors, les femmes font venir leurs maris. Les maris, qui ne comprenaient pas plus qu'elles, conduisent l'ogre devant le tribunal des sages. Les femmes gémissent:[19]

—Cet homme à qui nous avons offert l'hospitalité a dévoré deux de nos enfants!

Mais l'ogre répond au juge, le doyen[20] du village, avec la plus grande innocence:

—Mais ces femmes m'ont bien dit ... et répété: «Tu peux manger des arachides *avec* nos enfants». C'est ce que j'ai fait: j'ai mangé des arachides avec leurs enfants! Vraiment, je ne vois pas de quoi elles se plaignent![21]

## IV

Le tribunal ne sait vraiment pas qui a raison. Les femmes reconnaissent bien leurs paroles dans le récit de l'ogre qui semble honnête puisqu'il a agi[22] selon sa coutume. Le juge n'a pas d'autre choix que de renvoyer[23] simplement les parties adverses en leur donnant ce conseil:

---

[18]**Il en manque deux!** Two are missing!   [19]**gémissent** moan   [20]**doyen** dean, elder   [21]**se plaignent** complaining about   [22]**a agi** acted   [23]**renvoyer** to send away

## V

—Faites bien attention à vos paroles: ce sont elles qui mènent le monde!

## Exercices

1. En lisant le texte, vous avez appris plusieurs nouveaux mots ou nouvelles expressions. En voici quelques-uns: «la coutume du pays», «arachide», «être en train de». À l'aide de ces mots et d'autres que vous connaissez, racontez en un paragraphe comment les sages du village ont raisonné sur les actions de Moni-Mambu.

2. Répondez par une phrase complète.

   **a.** Quelle est la tradition que les femmes du village veulent respecter?

   **b.** Qu'est-ce que ces femmes devront dire à l'ogre la prochaine fois, pour éviter un autre incident tragique?

   **c.** Imaginez d'autres jugements possibles. À votre avis, est-ce que le tribunal pourra juger autrement?

3. Inventez ou trouvez d'autres phrases ambiguës, du type «Allez les manger avec nos enfants».

# −4−
# Une légende des Comores

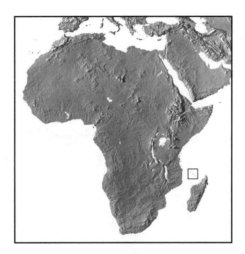

*Le conte suivant appartient[1] à la tradition des contes explicatifs*
*qui répondent à la question «pourquoi». Ici, c'est au nombril*
*que le narrateur s'intéresse. D'où vient donc cette décoration*
*du corps humain?*

## Pour commencer ...

**1.** Avant de faire la lecture de cette légende, lisez-en d'abord le
titre, puis regardez l'illustration. Lisez ensuite la première ligne
du texte et essayez de prédire le thème de l'histoire.

**2.** Faites une première lecture rapide du texte et donnez un sous-
titre à chacune des quatre sections.

---

[1]**appartient** belongs

# L'Origine du nombril[2]

## I

Il était un jour, au tout début des temps, un brave homme[3] qui cultivait bien la terre. Il prenait grand soin[4] de ses fruits, de ses légumes et de toutes ses plantes. Il avait pour la terre une sorte d'amour. Il semait[5] ses graines, il arrosait[6] la terre pour les aider à germer,[7] il enlevait les mauvaises herbes[8] autour des petits plants,[9] il protégeait les jeunes pousses[10] du soleil trop intense et du vent. Bref,[11] c'était un très bon jardinier.

## II

Or,[12] un été, il a eu beaucoup de difficulté à faire pousser[13] ses plants qui, d'habitude, lui rapportaient[14] beaucoup. Chaque fois qu'il semait une graine en terre, un oiseau noir venait la manger. Le pauvre jardinier était vraiment désespéré.

—Qu'allons-nous devenir? Cet oiseau de malheur[15] va tout manger cette année!

Alors, pour tromper[16] l'oiseau noir, le jardinier décide d'attendre la nuit pour semer ses graines. La nuit, l'oiseau dormira et, le matin venu, il ne verra pas le travail du jardinier. Le brave homme sème ainsi une bonne partie de la nuit. Avant d'aller se coucher, il observe son jardin. L'oiseau ne vient pas: le plan semble réussir!

À son réveil,[17] le lendemain, le jardinier va vérifier l'état de son jardin. Hélas! l'oiseau noir a déjà dévoré toutes les graines semées durant la nuit! Notre brave homme est vraiment découragé. Il est agenouillé[18] sur le sol[19] depuis quelques minutes quand, du coin de l'œil, il voit l'oiseau noir qui l'observe.

---

[2]**nombril** belly button    [3]**un brave homme** a good sort    [4]**prenait grand soin** took wonderful care    [5]**semait** sowed    [6]**arrosait** watered    [7]**germer** germinate    [8]**mauvaises herbes** weeds    [9]**plants** seedlings    [10]**pousses** sprouts    [11]**Bref** In short    [12]**Or** Now    [13]**pousser** sprout    [14]**rapportaient** yielded, produced    [15]**oiseau de malheur** bird of ill omen    [16]**tromper** fool    [17]**À son réveil** Upon awakening    [18]**agenouillé** kneeling    [19]**sol** ground

—Tiens, tiens![20] se dit le jardinier. C'est lui, mon oiseau de malheur!

## III

L'oiseau s'approche. Le jardinier ne bouge pas.[21] Quand l'oiseau arrive à la portée[22] de sa main, il l'attrape:

—Tu nous empêches[23] de manger! Aujourd'hui, c'est toi que seras mangé!

L'oiseau, alors, commence à chanter. Le jardinier lui ferme le bec pour ne pas se laisser enjôler.[24] Il entre chez lui en courant et, comme l'oiseau est tout petit, il le fait cuire tout rond.[25] Puis, il l'avale d'un coup.[26]

Notre homme trouve son repas délicieux. Il s'endort en rêvant des belles moissons[27] qu'il fera à l'avenir[28] puisque l'oiseau de malheur a disparu.

## IV

Soudain, il est pris d'un curieux mal de ventre.[29] Il se lève et s'examine.

—Que se passe-t-il? On dirait que je vais accoucher![30]

En plein milieu de son ventre, directement sous la peau,[31] il sent comme des coups de bec.[32] On frappe[33] là-dedans! On frappe, on frappe, on frappe très fort!

Que se passait-il? C'était l'oiseau noir qui cherchait un chemin[34] pour sortir.

Alors, l'homme est retourné se coucher et il a laissé l'oiseau sortir par le chemin fait à coups de bec.

---

[20]**Tiens, tiens!** Well, well!    [21]**ne bouge pas** doesn't move    [22]**arrive à la portée** gets within reach    [23]**nous empêches** prevent us    [24]**se laisser enjôler** to let himself be wheedled    [25]**le fait cuire tout rond** cooks it whole    [26]**l'avale d'un coup** swallows it at one go    [27]**moissons** harvests    [28]**à l'avenir** in the future    [29]**mal de ventre** bellyache    [30]**accoucher** to give birth    [31]**peau** skin    [32]**coups de bec** pecks    [33]**frappe** is knocking    [34]**chemin** path

Depuis ce temps, on peut voir, au milieu du ventre des gens, une toute petite ouverture: c'est le nombril.

## Exercices

1. En faisant la lecture du texte, vous avez appris plusieurs nouveaux mots. En voici quelques-uns: «semer», «mauvaises herbes», «arroser», «plantes», «légumes», «graines», «plants», «protéger». En vous servant de ces mots (et d'autres que vous connaissez), composez un paragraphe, oralement ou par écrit, qui fait de vous le parfait jardinier.

2. Dans le passage suivant, dites à quoi se réfère le pronom en italique:

   «Or, un été, le jardinier a eu beaucoup de difficulté à faire pousser ses plants qui, d'habitude, *lui* rapportaient beaucoup.»

   Ici, le pronom «lui» se réfère

   **a.** à ses plants.
   **b.** à lui-même (au jardinier).
   **c.** à l'été.

3. Imaginez deux autres explications pour l'origine du nombril.

# Un conte de Madagascar

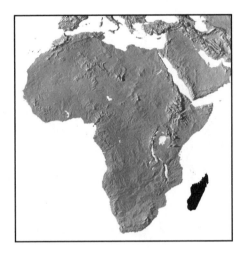

*Dans toutes les traditions populaires on trouve des contes
d'enfants abandonnés volontairement par leurs parents
en forêt. Dans ce genre de conte, la difficulté d'élever une
famille trop nombreuse quand les parents sont très pauvres
explique souvent cette pénible décision. Heureusement,
les enfants savent se débrouiller[1] seuls!*

## Pour commencer ...

1. Avant de lire le conte, lisez le titre et la première phrase.
   Ensuite, regardez l'illustration. À votre avis, quel sera le sujet du
   conte? Donnez votre réponse oralement ou par écrit.

2. Faites une première lecture rapide du texte. Puis, donnez un
   sous-titre à chacune des sections.

---

[1]**se débrouiller** to manage

# *Ventre-Rond*[2]

## I

Les parents d'une nombreuse famille avaient du mal à[3] nourrir tous leurs enfants. Pas de problèmes avec les sept premiers; ils étaient nés les uns après les autres, année après année. Les derniers, les huitième et neuvième enfants, étaient arrivés trop tard. La fille était fragile; elle ne mangeait que des aliments très particuliers. Et le garçon avait un gros ventre et un appétit d'ogre. On l'appelait Ventre-Rond.

## II

Un soir, il n'y avait rien à manger. Alors, les parents se sont dit:

—Les enfants sont assez vieux; ils peuvent se débrouiller seuls. Demain, nous irons dans le bois cueillir[4] des fruits avec eux et nous les perdrons.[5]

Le lendemain, le père exécute son plan, tristement. Il part dans le bois avec les deux plus jeunes enfants et puis, il s'en va[6] sans eux, lorsqu'[7]ils sont occupés. Après un certain temps, les enfants sont vraiment perdus. Le père revient à la maison sans eux.

Quand il arrive, la mère lui dit:

—Essaie de manger un peu, mon mari. Regarde, nous avons encore un peu de farine.[8] En fait, nous en avions assez pour tout le monde ... Pauvres petits!

## III

Les deux enfants, quant à eux,[9] se débrouillent très bien. Ils ne sont pas étrangers à la forêt. Ils ont l'habitude d'y passer la nuit avec leur père ou leur mère. Ils connaissent déjà les herbes et les

---

[2]**Ventre-Rond** Pot Belly    [3]**avaient du mal à** were having trouble
to pick    [5]**nous les perdrons** we'll lose them    [6]**s'en va** goes off
[8]**farine** flour    [9]**quant à eux** as for them    [4]**cueillir**    [7]**lorsque** when

racines[10] bonnes à manger. Ils ne paniquent donc pas. Cependant, Ventre-Rond n'est pas très raisonnable. Quand les deux enfants trouvent des petits fruits, il veut les manger tous. Il mange tellement[11] qu'il se rend malade,[12] et sa mère n'est plus là ... Comme sa jeune sœur doit aussi chercher de quoi manger,[13] elle décide de le quitter quelque temps. Elle donne rendez-vous à[14] son frère au pied d'un grand manguier[15] deux jours plus tard. Elle marche longtemps et elle s'endort au pied d'un arbre. Le lendemain, elle marche encore.

## IV

Vers le milieu du jour, elle aperçoit,[16] cachée[17] par des branches d'arbre et des vignes, une énorme case.[18] Est-ce la maison de l'Ogre? On lui a souvent dit qu'un ogre vivait dans la forêt voisine,[19] mais elle ne croyait pas qu'il existait réellement. Prudente, elle observe de loin[20] cette immense construction. La porte, à elle seule, est plus grande que la case familiale où habitent pourtant onze personnes! Tout à coup, elle voit l'Ogre sortir. Avec ses longues jambes, il s'éloigne[21] à une vitesse incroyable. Elle s'approche alors de la maison et, voyant qu'il n'y a personne, elle y entre. Elle y trouve énormément de nourriture et pense à Ventre-Rond. Elle sait qu'il aimerait bien tout partager[22] avec elle. Elle prend une mangue et part chercher son frère.

La fillette trouve Ventre-Rond endormi au pied de l'arbre où ils devaient se retrouver. Elle l'observe: chaque fois qu'il respire, son ventre se soulève[23] jusqu'à cacher complètement sa tête. Vraiment c'est phénoménal!

—Frérot,[24] j'ai une surprise pour toi.

Son frère n'entend rien: il continue de dormir.

—Tu sais, j'ai trouvé un endroit où l'on a tout ce qu'on peut vouloir manger.

---

[10]**racines** roots    [11]**tellement** so much    [12]**il se rend malade** he makes himself sick
[13]**de quoi manger** something to eat    [14]**donne rendez-vous à** makes a date with
[15]**manguier** mango tree    [16]**aperçoit** notices    [17]**cachée** hidden    [18]**case** hut
[19]**voisine** nearby    [20]**de loin** from a distance    [21]**s'éloigne** moves off
[22]**partager** to share    [23]**se soulève** rises up    [24]**Frérot** Little brother

Au mot «manger», Ventre-Rond sursaute.[25]

—Que dis-tu? Est-ce que j'ai bien entendu?

—Suis-moi,[26] dit sa sœur. Et elle lui explique ce qu'elle a trouvé.

Les deux enfants vont alors à la maison de l'Ogre. Ventre-Rond n'en revient pas.[27] Il mange, mange, mange tellement que, lorsqu'ils entendent l'Ogre ouvrir la porte, il ne peut pas se sauver[28] par la fenêtre: son ventre est trop gros! Sa sœur, avant de s'en aller, cache son frère sous les grands coussins[29] de l'Ogre. L'Ogre, fatigué de sa chasse[30] en forêt, prend ses coussins et sort faire la sieste sous un bananier. La fillette a très peur pour son frère. Une fois l'Ogre endormi, elle s'approche et l'appelle:

—Ventre-Rond? M'entends-tu?

—Oui, je t'entends, libère-moi! Je suis entre deux coussins. Le bras de l'Ogre m'écrase[31]!

## V

La fillette va dans la hutte chercher un couteau et elle part libérer son frère de l'étreinte[32] de l'Ogre. Lorsqu'elle coupe les coussins, le monstre ouvre un œil et remue[33] un bras ... ce qui fait trembler la terre. Puis, il se rendort.[34]

Le garçon dit à sa sœur:

—Il y a des voix qui parlent à l'intérieur de l'Ogre! et on donne des coups dans son ventre!

La sœur, sans hésiter, ouvre le ventre du géant avec son couteau. Il en sort immédiatement un grand nombre de personnes qu'il venait d'avaler tout rond[35] et qu'il allait sans doute digérer pendant sa sieste.

---

[25]**sursaute** jumps up     [26]**Suis-moi** Follow me     [27]**n'en revient pas** can't get over it
[28]**se sauver** escape     [29]**coussins** cushions     [30]**chasse** hunt     [31]**m'écrase** is
crushing me     [32]**l'étreinte** grip     [33]**remue** moves     [34]**se rendort** falls back to
sleep     [35]**avaler tout rond** swallowed whole

## VI

Alors, tous ensemble, ils ont étouffé[36] l'Ogre avec les coussins. Ils se sont ensuite installés dans la maison du géant et ont fait un grand banquet. Finalement, ils ont nommé la fillette et son frère Reine et Roi de leur petit village.

On a vite raconté l'histoire des deux enfants dans les environs. En entendant la nouvelle, leurs parents ont voulu aller vivre avec eux dans la fameuse hutte. Les gens du village s'y sont opposés. Alors, les parents ont demandé conseil aux Sages[37] du village. Voici leur avis:

—Quand les enfants étaient pauvres, les parents les ont rejetés. Maintenant qu'ils sont riches, ils disent qu'ils les aiment beaucoup! Alors, c'est aux gens du village de décider!

## Exercices

1. En faisant la lecture du texte, vous avez appris plusieurs mots nouveaux et expressions nouvelles. En voici quelques-uns: «se débrouiller», «avoir du mal à», «de quoi manger», «avaler tout rond», «s'en aller». Complétez les phrases suivantes par les expressions convenables, tirées de cette liste.

   a. Il faut pouvoir _____, sinon on _____ réussir dans la vie.

   b. On dit souvent aux enfants qu'il ne faut pas _____, sinon ils vont se perdre. On leur dit aussi souvent de ne pas _____ leur repas.

2. Trouvez un antonyme/synonyme pour chaque mot ou expression de la liste suivante et placez ces termes dans une phrase: «donner rendez-vous (à)», «perdre», «avaler tout rond», «volontairement», «difficulté», «s'endormir», «cacher».

3. Répondez dans vos propres mots aux questions suivantes:

   a. Pourquoi les parents vont-ils abandonner leurs deux plus jeunes enfants?

---

[36]**ils ont étouffé** they smothered    [37]**Sages** Elders

**b.** Comment les enfants arrivent-ils à se débrouiller en forêt?

**c.** Seriez-vous capable de vous débrouiller aussi bien qu'eux?

**4.** Choisissez un des sujets suivants pour une discussion en classe ou une composition par écrit.

**a.** Redites le conte dans vos propres mots.

**b.** Inventez une fin différente à ce conte.

**c.** D'après vous, les parents devraient-ils rejoindre leurs enfants dans la grande hutte de l'Ogre?

**d.** Y a-t-il des enfants dans le monde actuel qui sont abandonnés par leurs parents? Commentez.

# –6–
# Un conte de l'île de la Réunion

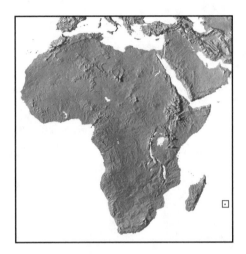

*Certains contes traditionnels parlent des difficultés de vie des gens opprimés:[1] des enfants par leurs parents, des femmes par leur mari, des populations par leurs ennemis. Ici, on assiste à[2] la revanche[3] d'un garçon trop souvent maltraité par ses grands frères ...*

## Pour commencer ...

1. Avant de faire la lecture du conte, lisez-en le titre, regardez l'illustration et lisez la première ligne. Essayez de prédire le thème de l'histoire.

2. Maintenant, lisez le premier paragraphe. Avez-vous toujours la même opinion sur ce que vous allez y rencontrer?

---

[1]**opprimés** oppressed    [2]**on assiste à** we witness    [3]**revanche** revenge

# *Maigrichon* [4]

## I

Il y avait une fois[5] dans l'île trois frères qui vivaient seuls depuis la mort de leurs parents. Le plus jeune était tout petit et de santé[6] fragile. Ses frères s'intéressaient peu[7] à lui et à ses idées. Ils l'appelaient Maigrichon.

Un jour, l'aîné[8] propose à ses frères de partir quelques jours dans la montagne:

—D'accord! disent les deux autres.

—Très bien, nous partirons demain matin!

## II

Le soir, les deux aînés se préparent de la nourriture.[9] Ils se cuisinent un bon cari[10] de poulet avec du riz, assez pour plusieurs repas. Le plus jeune ne se prépare rien. Ses aînés lui disent:

—Tu ne prépares rien pour manger en route, Maigrichon?

—Non, je le ferai demain matin. De toute façon,[11] je ne veux pas apporter grand-chose.[12]

—Ne compte pas sur nous pour te donner nos provisions!

Le lendemain matin, le plus jeune, qui se fait d'habitude une seule galette,[13] s'en prépare plusieurs. Il les emballe[14] dans des feuilles de bananier.[15] Il prend aussi une grande cruche[16] d'eau sur sa tête, à la manière des femmes. Les deux autres se moquent de lui:

—Tu vas manger des galettes seulement? Et prendre une cruche d'eau sur la tête? Tu es fou! Un homme, ça ne porte pas d'eau sur la tête!

---

[4]**Maigrichon** Skinny      [5]**Il y avait une fois** Once upon a time      [6]**santé** health
[7]**peu** hardly, very little      [8]**l'aîné** the eldest      [9]**nourriture** food      [10]**cari** curry
[11]**De toute façon** In any event      [12]**pas ... grand-chose** not much      [13]**galette** flat
cake, bread      [14]**emballe** wraps      [15]**bananier** banana tree      [16]**cruche** water jug

Le petit ne répond pas à leurs sarcasmes. Il y est habitué.[17]

## III

Quand ils sont prêts, les trois frères partent. Le petit Maigrichon suit ses frères très lentement. Quand il a soif, il s'arrête et boit un peu d'eau. À la fin de la journée,[18] ses frères, qui ont très soif et très faim, s'arrêtent.

—Si on mangeait un peu? dit le plus vieux. J'ai très faim.

—D'accord, dit l'autre.

En ouvrant leur repas, les deux aînés ont une bien[19] mauvaise surprise: leur bon cari sent le pourri![20] La chaleur[21] l'a complètement gâté.[22]

—Heureusement que[23] nous avons du riz!

Ils ouvrent le plat de riz. Quelle déception:[24] il s'est aussi gâté à la chaleur!

Maigrichon arrive bientôt et dépose sa cruche par terre. Puis, il ouvre son repas: de belles galettes, un peu séchées par le soleil mais bien appétissantes.

—Vous ne mangez pas? demand-t-il à ses frères.

—Hélas! répondent les frères, notre repas est gâté . . . Donne-nous un peu de tes galettes. Nous mourons de faim!

—Je n'en ai pas apporté pour trois personnes, répond le petit.

Maigrichon se rappelle[25] l'attitude de ses frères quand il les préparait. Pour une fois, il a le dessus[26] sur eux. Il se dit donc qu'il peut bien profiter[27] un peu de la situation.

—Très bien. Je partage[28] mes galettes avec vous, mais à une condition. Voyez-vous, j'ai de petites jambes[29] et vous marchez trop vite pour moi. Alors, portez-moi sur vos épaules[30] à tour de rôle.[31]

---

[17]**habitué** accustomed    [18]**journée** day    [19]**bien** very    [20]**sent le pourri** smells rotten    [21]**chaleur** heat    [22]**l'a ... gâté** spoiled it    [23]**Heureusement que ...** Luckily    [24]**déception** disappointment    [25]**se rappelle** recalls    [26]**a le dessus** has the upper hand    [27]**profiter** take advantage    [28]**partage** share    [29]**de petites jambes** short legs    [30]**épaules** shoulders    [31]**à tour de rôle** by turns

—D'accord, disent ses frères, mais donne-nous à manger.

Les trois frères partagent donc les galettes. Comme elles sont un peu sèches, les deux aînés s'étouffent.[32]

—Donne-nous un peu de ton eau. Nous nous étouffons!

—Oui, mais à une condition: vous allez aussi porter la cruche!

Les deux aînés ont très soif. Alors, ils acceptent. Grâce au[33] petit, ils peuvent manger et boire ce soir-là.

Le lendemain,[34] les trois frères reprennent la route. Les deux aînés portent Maigrichon à tour de rôle. Le petit, pour une fois, s'amuse bien. Soudain, de son poste d'observation sur les épaules de l'aîné, Maigrichon voit un âne[35] qui semble perdu.

—Emportez[36] cet âne! ordonne Maigrichon.

—Nous ne pouvons pas le prendre: nous sommes trop chargés![37]

—Si vous ne l'emportez pas, vous n'aurez plus de galettes ni[38] d'eau!

Alors, les deux frères enlèvent leur ceinture[39] pour en faire une laisse[40] et ils tirent l'âne derrière eux.

Quand ils arrivent en haut de la montagne, les trois frères voient une belle maison.

—Allons dormir ce soir dans cette maison! dit Maigrichon.

—Mais elle n'est pas à nous. Nous ne pouvons pas y aller, répondent les deux aînés.

—Oui. Allons-y. Sinon, je garde mes galettes pour moi.

Ils se rendent donc à la maison. Heureusement, elle est vide. Ils montent à l'étage[41] et y trouvent trois chambres, toutes prêtes à les recevoir.

—C'est parfait, dit Maigrichon, installons l'âne et reposons-nous!

Les deux aînés ne veulent pas entrer l'animal dans la maison, mais ils n'ont pas le choix: Maigrichon insiste!

---

[32]**s'étouffent** choke  [33]**Grâce au** Thanks to  [34]**Le lendemain** The next day  [35]**âne** donkey  [36]**Emportez** Take along  [37]**chargés** loaded down  [38]**ni** nor  [39]**ceinture** belt  [40]**laisse** leash  [41]**à l'étage** to the second floor

# IV

Au matin, ils entendent du bruit[42] en bas. C'est le Géant qui revient chez lui. Entendant des pas[43] à l'étage supérieur, le Géant crie:

—Qui va là?

—Qui es-tu, toi, en bas, pour nous poser cette question?

—Je suis celui qui rit[44] et qui frappe[45] le plus fort! dit le Géant. Ce sont ces qualités qui m'ont fait gagner cette maison!

—Je ris et je frappe plus fort que toi, répondit Maigrichon. Alors, cette maison est à moi!

—Prouve-le! lui crie le Géant.

Les frères de Maigrichon étaient tout tremblants.

Alors, Maigrichon pince la cuisse[46] de l'âne qui commence à braire[47] de toutes ses forces et à frapper le plancher avec son sabot.[48]

—D'accord, d'accord! dit le Géant. Tu ris fort. Tu dois être très gros,[49] mais ne défonce pas[50] le plancher pour ça! Montre maintenant comment tu frappes!

Alors, Maigrichon donne un coup de pied à l'âne qui recommence à ruer[51] et à frapper le plancher avec ses sabots. Le Géant s'étonne de tout ce bruit.

—À toi[52] de rire et de frapper maintenant! dit Maigrichon au Géant.

Le Géant émet un rire diabolique, mais rien à comparer avec ce qu'il a déjà entendu …

—Bof! il n'y a rien là! dit Maigrichon. Alors, frappe maintenant!

Le Géant donne alors un violent coup de pied sur la première marche de l'escalier.[53]

À son tour, Maigrichon pince la cuisse de l'âne et l'animal rit encore plus fort que la première fois.

---

[42]**bruit** noise    [43]**pas** steps    [44]**rit** laughs    [45]**frappe** knocks    [46]**cuisse** haunch
[47]**braire** bray    [48]**sabot** hoof    [49]**gros** big    [50]**ne défonce pas** don't cave in
[51]**ruer** to kick, lash about    [52]**À toi** Your turn    [53]**marche de l'escalier** step of the stairway

—D'accord. Tu es plus fort et sans doute plus gros que moi. C'est toi qui gagnes! Et le Géant, terrifié, s'enfuit[54] sans même prendre le temps de refermer la porte.

V

Depuis ce jour-là, grâce à Maigrichon, les trois garçons vivent paisiblement dans la belle maison de la montagne. Et les deux aînés écoutent maintenant l'opinion de leur jeune frère.

## Exercices

**1.** Maigrichon impose cinq conditions à ses frères. Nommez-les.

**2.** Vous avez appris plusieurs nouveaux mots dans ce texte. En voici quelques-uns: «opprimé(e)», «galette», «cruche», «cari», «se gâter», «à tour de rôle». En vous servant de ces mots et d'autres, composez un paragraphe, oralement ou par écrit, dans le même contexte que le conte ou dans un contexte différent.

**3.** Donnez un sous-titre aux sections III et IV du texte.

**4.** Trouvez un synonyme ou une autre façon de dire les mots ou les groupes soulignés dans les phrases suivantes. N'oubliez pas de conjuguer le verbe et/ou de donner la forme appropriée de l'adjectif ou du nom choisi.

    **a.** Le plus jeune était <u>de santé fragile</u>.
    **b.** Un jour, l'aîné <u>propose</u> à ses frères de partir en excursion.
    **c.** Si vous voulez manger et boire, <u>nous n'avons pas le choix</u>.

**5.** Choisissez un des sujets suivants pour une discussion en classe ou une composition par écrit.

    **a.** Imaginez deux autres ordres de Maigrichon à ses frères.
    **b.** Reformulez le conte dans vos propres mots.
    **c.** Imaginez la fin du conte si les frères ne remplissent pas les ordres de Maigrichon.

Pour cet exercice, on peut diviser la classe en quelques groupes.

---

[54]**s'enfuit** runs away

# Un conte de l'île Maurice

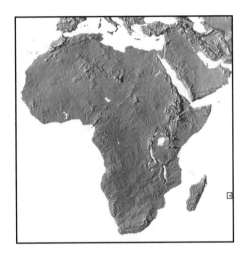

*Le conte suivant nous présente un personnage pitoyable:*
*le pauvre homme est toujours fatigué! Sa femme ne trouve pas*
*ça drôle. Heureusement, Dieu, qui l'a créé ainsi,[1] prend pitié*
*de lui.*

## Pour commencer ...

**1.** Avant de lire le conte, lisez le titre et la première phrase du
deuxième paragraphe. Ensuite, regardez l'illustration.

**2.** Faites une première lecture rapide du conte et donnez un sous-
titre aux sections II, III et IV.

---

[1]**l'a créé ainsi** made him that way

# Petit Jean le paresseux

## I

I l y avait un jour un homme qui s'appelait Petit Jean. Il habitait avec sa femme, qui était stérile, et sa mère, qui était aveugle.[2] Et Petit Jean était bien paresseux. Il était si paresseux qu'il arrivait à peine[3] à prendre la nourriture[4] dans son assiette pour la porter à sa bouche.

## II

Un jour, finalement, sa femme en a assez:[5]

—Petit Jean, tu vas aller te chercher du travail. Nous n'avons plus rien à manger. C'est moi qui dois vous nourrir, toi et ta mère. Vas-y!

Petit Jean sort, il marche un peu. Il arrive bientôt à un arbre. Il s'installe à son ombre et s'endort. Quand la nuit tombe, il se réveille et rentre à la maison.

—T'es-tu trouvé du travail? lui demande sa femme.

—Non, pas aujourd'hui, répond Petit Jean. J'en trouverai peut-être demain.

Sa réponse ne surprend pas sa femme. Elle sait qu'il n'a pas cherché longtemps. Elle est malheureuse:[6] elle voudrait avoir une maison remplie d'enfants. Mais elle n'a que sa belle-mère, une vieille femme aveugle et triste, et elle doit faire tout le travail seule à la maison.

Le lendemain matin, elle réveille Petit Jean et lui ordonne de retourner se chercher du travail:

—Va te chercher du travail, et cherche comme il faut,[7] cette fois. Et ne rentre pas avant d'en avoir trouvé.

---

[2]**aveugle** blind   [3]**à peine** barely   [4]**nourriture** food   [5]**en a assez** is (finally) fed up   [6]**malheureuse** unhappy   [7]**comme il faut** properly

Petit Jean sort, il marche un peu et, encore une fois, quand il arrive près de l'arbre, il se repose et … s'endort. À la fin de l'après-midi, il se réveille, trop tard pour aller au village. Il se lève et rentre chez lui.

Sa femme lui crie:

—Tu as trouvé du travail, vaurien?[8]

—Pas encore. J'ai cherché toute la semaine. Je n'en trouve pas.

—Je te donne encore un jour. Tu as besoin de t'en trouver! Sinon, ça va aller mal dans la maison, je t'en passe un papier![9]

## III

Le lendemain matin, Petit Jean sort, découragé. Il arrive à l'arbre et il s'asseoit.[10] Que deviendront-ils—lui, sa pauvre femme et sa pauvre mère—s'il ne trouve pas de travail?

—Bon Dieu, prie-t-il, sortez-moi de cette misère!

Tout à coup, il entend un bruit tout près de son épaule.[11] Comme un bruit de vent. Il se retourne. C'est le bon Dieu[12] en personne.

—Tu me fais pitié,[13] Petit Jean! Fais un vœu.[14] Un seul. Je te l'accorderai.[15]

—Mon Dieu! Comment est-ce que je peux me décider en si peu de temps? C'est fatigant, une telle décision … Je ne sais pas …

Petit Jean essaie de garder les yeux ouverts. Il y arrive à peine. Alors, Dieu a pitié de lui:

—Je reviendrai demain. Je te donne la nuit pour y penser.

## IV

Petit Jean rentre à la maison, les joues[16] rouges d'excitation et très fatigué. Sa femme lui dit:

—Je vois que tu as trouvé du travail. Qu'est-ce que c'est?

---

[8]**vaurien** good-for-nothing     [9]**je t'en passe un papier** I'm telling you     [10]**s'asseoit** sits down     [11]**épaule** shoulder     [12]**Dieu** God     [13]**Tu me fais pitié** I feel sorry for you     [14]**Fais un vœu** Make a wish     [15]**l'accorderai** will grant it     [16]**joues** cheeks

—Je n'ai pas trouvé de travail, mais …

—Alors, va-t-en. Je ne veux plus te voir ici.

—Attends, j'ai une bonne nouvelle: j'ai rencontré le bon Dieu!

—Va conter ça à quelqu'un d'autre. Trouver le bon Dieu. Vaurien! Et qu'est-ce qu'il t'a dit, le bon Dieu!

—Il m'a dit qu'il accorderait un vœu. Un seul. Et de le choisir pour demain. Je ne sais pas quoi lui demander.

—Demande-lui du travail! répond la femme. C'est ça que tu cherches!

—Ce n'est pas du travail qu'il me faut;[17] c'est de l'argent. Avec de l'argent, pas besoin de travail; on a tout ce qu'on veut.

Petit Jean va voir sa vieille mère et lui demande ce qu'il doit faire:

—Demande-lui de me rendre la vue.[18] Tu me dois bien cela, mon fils. Je t'ai élevé avec amour. Je t'ai donné tout ce que j'ai pu. Quand je verrai, je pourrai être utile dans la maison et vous aider un peu.

## V

Pauvre Petit Jean! Il ne sait pas ce qu'il demandera. Il se couche en se disant: «La nuit porte conseil».[19] Et il s'endort profondément.

Le lendemain matin, sa femme le réveille.

—Lève-toi, Petit Jean. Ne fais pas attendre le bon Dieu! J'ai trouvé ce que tu dois lui demander. Demande-lui de me donner des enfants, dit la femme. C'est ça qui nous rendrait heureux!

Petit Jean ne répond pas et part. Lui, c'est de l'argent qu'il veut … Sa pauvre mère veut retrouver la vue. Sa femme veut des enfants. Il marche, tout pensif. Il veut bien aussi avoir des enfants. Il serait très heureux de rendre la vue à sa mère. Mais il veut par-dessus tout[20] avoir de l'argent. Il ne sait pas quoi demander … Pauvre Petit Jean!

---

[17]**qu'il me faut** that I need       [18]**me rendre la vue** give me back my sight       [19]**La nuit**
**porte conseil.** Sleep on it.       [20]**par-dessus tout** above all

Il arrive bientôt à l'arbre et il s'asseoit. Arrive le bon Dieu:

—Qu'as-tu décidé, Petit Jean?

—Euh … Ce n'est pas facile, bon Dieu …

—Je t'ai dit de formuler un vœu. Un seul. Et dépêche-toi, j'ai d'autres chats à fouetter![21]

—Bon Dieu, dit Petit Jean, j'ai décidé. Faites que ma mère voie ses petits-enfants manger autant qu'ils veulent[22] dans des assiettes en or![23]

## VI

Vous voyez, il y a des cas où la paresse donne du génie![24]

## Exercices

1. Répondez oralement ou par écrit aux questions suivantes:

   a. Qu'est-ce que la femme de Petit Jean veut qu'il demande?
   b. Que veut la mère de Petit Jean?
   c. Que veut Petit Jean?
   d. Comment Petit Jean va-t-il arriver à satisfaire les désirs de tout le monde?

2. Choisissez un des sujets suivants pour une discussion en classe ou une composition par écrit.

   a. Relevez les détails qui rendent ce conte drôle.
   b. Redites le conte dans vos propres mots.
   c. Trouvez une autre demande que Petit Jean peut faire pour arriver aux mêmes fins.

---

[21]**j'ai d'autres chats à fouetter** I have other fish to fry    [22]**autant qu'ils veulent** as much as they want    [23]**en or** golden    [24]**donne du génie** makes (someone) clever

# −8−

# Un conte du Laos

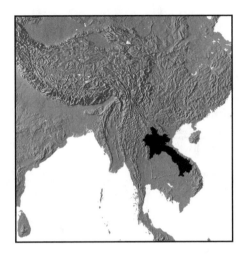

*Voici un conte qui met en scène[1] des bandits pris à leur propre piège.[2] Il se présente comme un petit roman policier.[3]*

## Pour commencer ...

1. Avant de faire la lecture du conte, lisez-en d'abord le titre, puis regardez l'illustration. Lisez ensuite la première ligne du texte. Essayez maintenant de prédire le thème de l'histoire.

2. Maintenant, lisez le deuxième paragraphe du conte. Avez-vous toujours la même opinion sur la suite de ce conte?

3. Faites une première lecture rapide du reste du texte. Donnez un sous-titre aux sections II et III.

---

[1]**met en scène** presents      [2]**pris à leur propre piège** ensnared by their own trap
[3]**roman policier** detective story

# Un Trésor à partager[4]

## I

Il était une fois trois compères[5] qui vivaient grâce à de petits vols.[6] En vendant les objets volés, ils se faisaient assez d'argent pour vivre sans travailler. Un jour, voulant s'enrichir[7] plus rapidement, le plus âgé dit aux deux autres:

—Pourquoi ne pas cambrioler[8] un magasin? Nous pourrions, une fois devenus riches, mener[9] une vie honnête.

Quelle proposition! Les deux autres hésitent, mais, après de longues discussions, ils finissent par trouver que le risque en vaut la peine.[10] Chacun de nous, se disent-ils, va trouver un marchand[11] qui quitte son magasin à heure fixe.[12]

Ils partent donc dans trois directions différentes, et se donnent rendez-vous[13] sept jours plus tard pour parler et pour mettre leur plan à exécution.[14]

## II

Une semaine plus tard, le chef du complot[15] est fier[16] d'annoncer qu'il a trouvé un bijoutier[17] qui ferme tous les jours à midi. Pour vérifier, il est entré chez le bijoutier. Il y a acheté un bijou[18] qu'il a rapporté[19] le lendemain en disant que le bijou ne plaisait pas à sa femme.

Ainsi, il a vu où le marchand cache son argent. De plus, le jour du cambriolage,[20] les voisins le prendront pour un client régulier: ils ne s'étonneront pas[21] de le voir autour de la boutique.

---

[4]**partager** share    [5]**compères** cronies, pals    [6]**vols** thefts    [7]**s'enrichir** to get rich
[8]**cambrioler** burglarize    [9]**mener** lead    [10]**en vaut la peine** is worth the trouble
[11]**marchand** shopkeeper    [12]**à heure fixe** at the same time every day
[13]**se donnent rendez-vous** make an appointment    [14]**mettre leur plan à exécution** to carry out their plan    [15]**complot** plot    [16]**fier** proud    [17]**bijoutier** jeweler
[18]**bijou** (piece of) jewelry    [19]**a rapporté** brought back    [20]**cambriolage** burglary
[21]**ne s'étonneront pas** won't be surprised

## III

Les deux complices[22] n'ont rien de mieux[23] à proposer. Le lendemain, à midi, les trois voleurs[24] arrivent à la bijouterie et défoncent[25] une fenêtre. Ils savent où est l'argent: dans un coffre[26] caché derrière une pile de boîtes.

Quelle surprise! Le coffre contient un vrai trésor! Est-ce que le vieux marchand y a déposé tous ses profits depuis le début de son commerce?[27] Ils n'en reviennent pas.[28] Les trois voleurs repartent avec tout l'argent du marchand. Ils vont le cacher dans un vieux garage qu'ils ont loué[29] pour y garder les autres objets volés.

## IV

Durant les jours qui suivent, les trois bandits sont plutôt nerveux. Ils décident de ne pas quitter le garage pour assurer la garde[30] de leur trésor. Cependant, il leur faut bien manger. Le chef part donc au village acheter de la nourriture. Sur le chemin de retour, il pense:

—Vraiment, dans ce groupe, c'est moi qui fais tout. C'est moi qui ai les idées; c'est moi qui fais les courses.[31] En fait, le trésor est plus à moi qu'aux autres. Ce sont des fainéants.[32]

Tout en marchant, il aperçoit[33] soudain une pharmacie. La tentation est trop forte.

—Voilà! C'est ma réponse. Je vais empoisonner cette nourriture. Ainsi, le trésor sera à moi seul. Je n'aurai plus besoin de le partager avec ces vauriens.[34] J'apporterai le trésor chez moi et je serai riche jusqu'à la fin de mes jours!

Cependant, ses deux complices ont aussi eu le temps de réfléchir.[35] En fait, ils ont décidé de se débarrasser de[36] ce chef qui les mène par le bout du nez[37] et de se partager ensuite le butin.[38] Quand leur chef ouvre la porte, ils le poignardent.[39] Pour fêter

---

[22]**complices** accomplices      [23]**rien de mieux** nothing better      [24]**voleurs** thieves
[25]**défoncent** break in      [26]**coffre** safe      [27]**commerce** business      [28]**Ils n'en**
**reviennent pas.** They can't get over it.      [29]**ont loué** rented      [30]**assurer la garde**
to stand guard      [31]**fais les courses** do the errands      [32]**fainéants** lazybones
[33]**aperçoit** notices      [34]**vauriens** good-for-nothings      [35]**réfléchir** to reflect
[36]**se débarrasser de** to get rid of      [37]**les mène par le bout du nez** leads them
around by the nose      [38]**butin** loot      [39]**le poignardent** stab him

leur victoire, et puisqu'ils ont très faim, ils déposent le trésor au centre de la table et ouvrent les sacs d'épicerie[40] ...

## V

Plusieurs jours passent. Un jour, un villageois,[41] intrigué de ne plus voir personne autour du garage, frappe à la porte. Comme on ne lui répond pas, il entre et voit un curieux spectacle: sur une table, deux hommes morts sans doute depuis plusieurs jours sont assis, comme endormis, devant des assiettes bien remplies.[42] Un autre mort est par terre. Au centre de la table, il y a un gros tas[43] de pièces d'argent.

## Exercices

**1.** Dans le passage suivant, dites à quoi se réfère le pronom en italique:

«De plus, le jour du cambriolage, les voisins *le* prendraient pour un client régulier: ils ne s'étonneraient pas de le voir autour de la boutique.»

Ici, le pronom «le» se réfère

   **a.** au jour.
   **b.** au voleur.
   **c.** au bijoutier.

**2.** Répondez aux questions suivantes par une phrase (ou un petit paragraphe).

   **a.** Combien de plans les compères font-ils pour devenir riches?
   **b.** Quel plan choisissent les voleurs?
   **c.** Est-ce que le plan choisi pourrait être amélioré?
   **d.** Expliquez la morale de cette histoire.

**3.** Quelle opinion le chef a-t-il de ses deux complices? Quelle opinion est-ce que les deux autres ont de lui?

---

[40]**épicerie** grocery   [41]**villageois** villager   [42]**remplies** filled   [43]**tas** pile

# –9–
# Un conte du Cambodge

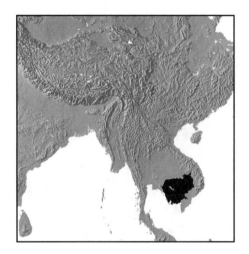

Au Cambodge, les parents choisissent eux-mêmes le mari
de leur fille. Il le font avec beaucoup de soin, car[1] souvent leur
beau-fils[2] habitera chez eux après le mariage.

Dans le conte suivant, le père et la mère veulent
décourager un prétendant[3] qu'ils n'aiment pas beaucoup. Ils
essaient de le mettre à l'épreuve,[4] mais on verra que l'amour
inspire l'amoureux!

## Pour commencer ...

1. Lisez d'abord le titre du conte, puis les trois premiers
   paragraphes. Ensuite, regardez l'illustration. Croyez-vous,
   en vous basant sur ces informations, que, dans ce conte,

   **a.** ce sont les parents qui choisiront le gendre qu'ils veulent?
   **b.** c'est le prétendant seul qui choisira?
   **c.** c'est la fille qui choisira?
   **d.** ce sont les amoureux qui choisiront ensemble?

---

[1]**car** for, because   [2]**beau-fils** son-in-law   [3]**prétendant** suitor   [4]**le mettre à
l'épreuve** to test him

**2.** Faites une première lecture rapide du texte et donnez un sous-titre aux sections III et IV, en choisissant parmi les suggestions suivantes.

    **a.** Deuxième essai des parents pour se débarrasser du garçon.

    **b.** Premier essai des parents pour se débarrasser du garçon.

    **c.** Les jeunes gens tombent amoureux.

    **d.** Conclusion.

# Pas facile de choisir un gendre![5]

## I

Il y avait un couple de paysans dont la fille était très douce et très belle. Elle était si belle que les passants[6] s'arrêtaient à sa vue.[7] Evidemment, elle avait plusieurs admirateurs qui voulaient l'épouser.[8] Les parents ne voulaient donner la main de leur fille qu'à un jeune homme qui ne jure[9] pas. Ils désiraient un homme doux[10] pour leur fille.

## II

Un jour, alors que la jeune fille balaie le sol[11] devant la case[12] familiale, un beau jeune homme passe. Les deux jeunes gens se regardent et tombent amoureux l'un de l'autre. Alors, le jeune homme, qui est fort[13] beau, vient demander aux parents la main de la jeune fille.

—Tu crois que tu lui plais?[14]

—Oui, je le crois.

---

[5]**gendre** son-in-law    [6]**passants** passersby    [7]**à sa vue** upon seeing her
[8]**épouser** to marry    [9]**jure** swears, curses    [10]**doux** kind, gentle    [11]**balaie le sol** is sweeping the ground    [12]**case** hut    [13]**fort** very    [14]**tu lui plais** she likes you

—Bien. Tu pourras l'épouser si tu es capable de ne jamais jurer. Demain, tu viendras travailler chez nous et nous verrons.

—Très bien, répond le jeune homme. Je ferai tout ce que vous voudrez, et je vous obéirai en tout.

—C'est bien, dit le père. Présente-toi ici demain matin à l'aube.[15]

### III

Le lendemain matin, avant l'aube, le jeune homme est à la porte. Il croit bien qu'il passera l'épreuve, car il n'a vraiment pas l'habitude de jurer. Son futur beau-père[16] lui dit:

—Tu es bien matinal![17] Puisque tu es prêt, va labourer[18] la rizière[19] avec mes buffles.[20] Et reviens lorsque[21] les pierres le long du chemin gémiront.[22]

Le garçon travaille toute la journée sans se fatiguer. Il semble ne remarquer ni la forte chaleur ni[23] la fatigue des animaux. Il travaille sans montrer ni sa faim ni sa soif. Mais les buffles, eux, sont près de mourir. Après la tombée du jour,[24] les pierres ne gémissent toujours pas et il continue à travailler.

Le vieux, caché derrière le rocher,[25] observe la scène. Comme il a pitié de ses animaux, il commence à gémir. Le garçon, alors, arrête ses buffles. Il rentre et se présente chez ses futurs beaux-parents.[26] Le beau-père lui dit:

—C'est bien. Reviens travailler demain.

Le garçon part, mais, le soir même, il vient écouter sous la fenêtre de ses beaux-parents. Il est satisfait, car il entend son beau-père dire à sa femme:

—Ce garçon travaille bien et ne jure pas, mais il ne convient[27] pas vraiment à notre fille: il semble trop sûr de lui.

—C'est aussi mon opinion. Soyons plus exigeants,[28] répond la mère. Essaie de le mettre en colère[29] demain. Il jurera sûrement.

---

[15]**à l'aube** at dawn      [16]**beau-père** father-in-law      [17]**matinal** early riser
[18]**labourer** till    [19]**rizière** rice field    [20]**buffles** buffalo     [21]**lorsque** when
[22]**gémiront** (will) groan    [23]**ni ... ni** neither ... nor    [24]**tombée du jour** dusk
[25]**rocher** rock    [26]**beaux-parents** in-laws    [27]**convient** suit    [28]**Soyons plus
exigeants** Let's be more demanding    [29]**le mettre en colère** make him angry

J'ai une idée. Tu feras[30] le maître et lui, il fera le chien. Vous irez tous les deux chercher des tortues;[31] elles sont rares en cette saison. S'il ne peut pas te suivre à quatre pattes[32] ou s'il n'en trouve pas, ce sera fini. Qu'en penses-tu?

—C'est une excellente suggestion, répond le mari. C'est ce que je ferai.


## IV

Le lendemain matin, le garçon—qui a bien sûr tout entendu—va d'abord cacher trois tortues dans les buissons.[33] Ensuite, il va chez son beau-père, qui lui dit:

—Aujourd'hui, je vais à la chasse[34] aux tortues, mais je n'ai pas de chien. Alors, ce sera toi le chien aujourd'hui! Et moi, je serai le maître. Nous trouverons quelques tortues et nous reviendrons ici les manger.

—À vos ordres, dit le garçon tranquillement.

Le vieux apporte du riz et de l'eau pour son repas du midi. Le jeune homme se met à quatre pattes et suit[35] son beau-père. Quand ils arrivent près des buissons où il a caché les tortues, le «chien» part en courant. Puis, il commence à aboyer.[36] Le vieux arrive en courant et le voit avec une tortue entre les dents. Le chien lui apporte ainsi trois énormes tortues l'une après l'autre. Le vieux n'en revient pas.[37]

À midi, le vieux a faim: il ouvre son sac pour manger un peu de riz. À ce moment, son chien voit un troupeau de buffles. Il se précipite[38] et mord[39] un buffle aux pattes. Alors, les buffles s'enfuient[40] dans la rizière du beau-père. Pendant que le vieux court après les buffles, le chien mange son riz et s'enfuit vers la maison de son maître.

Le pauvre vieux rapporte les trois lourdes tortues tout seul chez lui. Il meurt de faim et il est épuisé[41] d'avoir couru après les buffles. Quand il arrive à la maison, tout fâché,[42] il trouve le chien toujours de bonne humeur. Plein de rage, il lui dit:

---

[30]**Tu feras** You'll play    [31]**tortues** turtles    [32]**à quatre pattes** on all fours
[33]**buissons** bushes    [34]**à la chasse** hunting    [35]**suit** follows    [36]**aboyer** bark
[37]**n'en revient pas** can't get over it    [38]**se précipite** rushes over    [39]**mord** bites
[40]**s'enfuient** run away    [41]**est épuisé** is exhausted    [42]**fâché** angry

—Va-t-en,[43] sale[44] chien.

Le chien part, après avoir léché[45] la main de son maître.

### V

Alors, le pauvre homme dit à sa femme:

—Je n'en peux plus.[46] Il réussit toutes les épreuves. Il sera toujours meilleur que moi. Donnons-lui la main de notre fille; sans cela, je vais mourir d'épuisement.[47]

La mère approuve, car elle aime beaucoup son mari. Elle se dit que, après tout, le garçon a montré beaucoup de courage pour gagner la main de leur fille.

### VI

Cette histoire servira de leçon à ceux et celles qui ont des filles à marier. Si l'on ne veut pas d'un garçon comme gendre, il vaut mieux[48] le lui dire franchement et ne pas agir[49] comme les parents de cette fille. D'abord, ce n'est pas honnête, et puis on n'a jamais le dernier mot avec les amoureux.

## Exercices

1. En faisant la lecture du texte, vous avez appris plusieurs nouveaux mots. En voici quelques-uns: «gendre», «amoureux», «rizière», «mettre à l'épreuve», «jurer». Dans le passage qui suit, remplissez les espaces vides par le mot voulu.

   Les parents ne voulaient pas comme _____
   le garçon qui demandait la main de leur fille. Cependant les
   _____ voulaient absolument se marier.
   Le père a décidé de _____ le garçon:
   il l'a envoyé travailler dans la _____.
   Malgré toutes les difficultés, jamais le garçon n'a
   _____.

---

[43]**Va-t-en** Go away   [44]**sale** dirty   [45]**après avoir léché** after licking   [46]**Je n'en peux plus.** I can't take it anymore.   [47]**mourir d'épuisement** to die of exhaustion [48]**il vaut mieux** it's better   [49]**agir** to act

2. Dans le passage suivant, dites à quoi se réfère le pronom en italique: «Le vieux n'*en* revient pas.»

   Ici, le pronom «en» se réfère

   **a.** au chien.
   **b.** au fait que le garçon-chien ramène des tortues.
   **c.** à la rizière.
   **d.** à la maison du vieux.

3. Trouvez un synonyme pour les mots soulignés. N'oubliez pas de conjuguer le verbe et/ou de donner la forme appropriée de l'adjectif ou du nom que vous aurez choisi.

   **a.** Un couple de paysans avait une fille très <u>belle</u>.
   **b.** Le vieux est <u>épuisé</u> d'avoir couru après le buffle.
   **c.** <u>Va-t-en</u>, sale chien.

4. Choisissez un des sujets suivants pour une discussion en classe ou une composition par écrit.

   **a.** Que pensez-vous de la pratique cambodgienne qui consiste à demander au futur gendre de travailler pour les beaux-parents pendant quelques mois?
   **b.** Les parents devraient-ils avoir beaucoup d'influence dans le choix de leur beau-fils?
   **c.** D'après les informations données dans ce conte, parlez un peu de la vie économique d'une famille du Cambodge.

# Une légende du Viêt-Nam

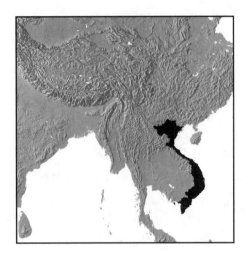

*La légende suivante entre dans la tradition des contes explicatifs. Ces contes expliquent, entre autres phénomènes, l'origine mythique d'un détail du corps humain, par exemple. Pourquoi le nez est-il au milieu du visage? Pourquoi les gens ont-ils un nombril?[1] Pourquoi les hommes ont-ils de la barbe[2] de telle ou telle façon?*

## Pour commencer ...

1. Lisez le titre et le premier paragraphe de cette légende. D'après ces indications, pouvez-vous prédire le contenu du récit?

2. Faites une première lecture rapide du texte. Ensuite, donnez oralement ou par écrit ce qui vous semble être l'idée principale de chacune de ses trois sections.

---

[1]**nombril** belly button    [2]**barbe** beard

# L'Origine des styles de barbe

## I

Autrefois, il y avait une pagode[3] dédiée[4] au Bouddha mâle et une autre dédiée au Bouddha femelle. Quand les hommes avaient quelque chose à demander, ils se rendaient à[5] la première: les femmes, elles, faisaient leurs vœux[6] à la seconde.

## II

La mode[7] masculine était alors de porter trois touffes[8] de barbe: une au menton[9] et une sur chaque joue.[10] Les hommes qui voulaient exhiber[11] une belle barbe, longue et élégante, allaient en demander une au Bouddha mâle. Le Bouddha demandait alors à ses serviteurs[12] de planter les poils[13] un à un, selon le désir des hommes. C'est là l'origine des barbes à trois touffes.

## III

Quant à[14] la mode de porter une barbe clairsemée,[15] voici son origine. Un jour, quelques hommes ont voulu se faire planter la barbe. Malheureusement, on leur a donné de mauvaises indications sur le chemin à prendre, et ils sont arrivés à la pagode du Bouddha femelle. Ce n'était pas grave, car la déesse[16] a aussi le pouvoir de satisfaire les vœux. Elle a donc ordonné à ses servantes d'apporter des poils et de les leur planter. Cependant, les servantes, très pudiques,[17] n'osaient pas[18] trop s'approcher des hommes. Elles leur disaient de lever la tête et leur jetaient les poils sur la figure[19] d'assez loin. Résultat: les poils retombaient de façon fort[20] irrégulière sur les visages levés vers elles. C'est là l'origine des barbes aux poils rares.

---

[3]**pagode** pagoda    [4]**dédiée** dedicated    [5]**se rendaient à** went to    [6]**vœux** wishes
[7]**mode** fashion    [8]**touffes** tufts    [9]**menton** chin    [10]**joue** cheek    [11]**exhiber** to
display    [12]**serviteurs** servants, courtiers    [13]**poils** hairs    [14]**Quant à** As for
[15]**clairsemée** sparse    [16]**déesse** goddess    [17]**pudiques** modest    [18]**n'osaient pas**
didn't dare    [19]**figure** face    [20]**fort** very

## Exercices

**1.** Lisez les phrases suivantes et dites à quel mot se réfèrent les pronoms en italique.

> «La déesse a aussi le pouvoir de satisfaire les vœux des gens. Quand les hommes arrivent, elle ordonne donc à ses servantes d'apporter des poils et de *les leur* planter.»

Le pronom *les* se réfère

    **a.** aux vœux.
    **b.** aux servantes.
    **c.** aux poils.
    **d.** aux hommes.

Le pronom *leur* se réfère

    **a.** aux vœux.
    **b.** aux servantes.
    **c.** aux poils.
    **d.** aux hommes.

**2.** En faisant la lecture du texte, vous avez appris plusieurs nouveaux mots. En voici quelques-uns: «barbe», «pagode», «pudique», «rares», «touffes», «vœux». Dans le passage qui suit, remplissez les espaces vides par le mot qui convient.

> À la _____ du Bouddha femelle, les hommes venaient porter leurs _____. Ils voulaient tous la même chose: trois _____ de _____ bien fournie. Cependant, les servantes du Bouddha femelle étaient très _____ et lançaient mal les poils: cela explique que certains hommes ont une barbe aux poils _____.

**3.** Dites le titre et le pays d'origine des autres contes de ce livre qui sont de type explicatif.

# —II—
# Un conte de Saint-Barthélemy

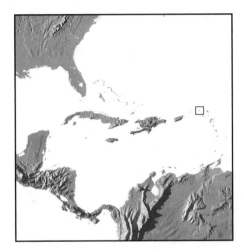

Saint-Barthélemy est une petite île des Petites Antilles située au nord de la Guadeloupe à laquelle elle se rattache. Avec cette dernière, elle fait partie des îles du Vent, ainsi nommées parce qu'elles sont exposées aux souffles des alizés ou vents de l'Est. Ses habitants voyagent beaucoup pour chercher du travail ou échanger des produits.

On trouve, dans le folklore du pays, beaucoup de légendes et de contes de pirates et d'aventuriers des mers. Les protagonistes en sont ordinairement des hommes. Dans le conte suivant, il s'agit d'une femme: c'est louche.[1] Elle est indépendante, car elle fait un commerce: doublement louche. Les villageois[2] veulent pouvoir expliquer la situation. Voilà un autre conte qui illustre les misères d'une personne en situation minoritaire.

---

[1]**c'est louche** that's odd     [2]**villageois** villagers

## Pour commencer ...

1. Avant de lire le conte, lisez le titre et la première phrase. Ensuite, regardez l'illustration et répondez oralement à la question suivante:

   Croyez-vous que Peau d'Âne aura la vie facile?

2. Maintenant, lisez les deux premiers paragraphes du conte, et répondez à la question suivante:

   Pourquoi pensez-vous que les gens du village surveillent Peau d'Âne?

3. Faites une première lecture rapide du conte et donnez un sous-titre aux sections I et II.


## *Peau d'Âne*[3]

### I

Dans les îles du Vent habitait une femme toujours habillée d'une vieille peau d'âne. Elle ne menait pas[4] la même vie que les gens du village. Souvent, elle allait à l'étranger. Elle en ramenait[5] des marchandises qu'elle vendait aux gens de l'île.

Ses voyages attiraient[6] l'attention. Les gens la surveillaient.[7] On en parlait. On racontait toutes sortes d'histoires:

—Cette femme a un drôle de comportement,[8] disait une commère.[9]

—C'est louche, en effet, répondait une autre.

---

[3]**Peau d'Âne** Donkey Skin    [4]**Elle ne menait pas** She didn't lead    [5]**en ramenait** brought back (from there)    [6]**attiraient** attracted    [7]**la surveillaient** spied on her    [8]**comportement** behavior    [9]**commère** busybody

—C'est peut-être une sorcière,[10] de dire une vieille dame. Elle m'intrigue …

—On va bien finir par savoir, disaient les autres.

En fait, Peau d'Âne avait deux pouvoirs[11] merveilleux: celui de se déplacer[12] dans les airs[13] et celui de changer d'apparence comme elle le voulait. Elle avait aussi un vêtement hideux,[14] une vieille peau d'âne, qu'elle devait toujours porter dans son île, sinon[15] elle mourrait. Pour se déplacer dans les airs, elle plaçait la peau d'âne dans un coin de sa case,[16] puis elle la remettait chaque fois qu'elle rentrait.

## II

Un jour, elle prend son vol[17] vers l'étranger, comme elle le faisait souvent. Elle va ce jour-là dans une île avoisinante[18] pour y faire son commerce habituel. En revenant à sa case, elle trouve la porte fermée de l'intérieur. Impossible d'y pénétrer. Elle essaie de passer par la fenêtre. Impossible: on l'a aussi verrouillée.[19] Et sa peau d'âne qui est là-dedans! Il faut qu'elle remette son vêtement!

Peau d'Âne se dit alors que, si elle peut se transporter d'un lieu à l'autre, elle peut aussi sans doute pénétrer dans sa maison. Elle se glisse[20] alors par le trou de la serrure.[21] Peau d'Âne remet vite sa peau et reprend son apparence habituelle. Puis, elle va vendre sa marchandise.

Ses voisins[22] sont surpris. Ils ne comprennent pas comment elle est entrée chez elle alors que tout était fermé. Le soir, tous les gens du village se rencontrent pour discuter de la situation.

—Il se passe là quelque chose de grave,[23] disent les hommes du village. Demain, quand elle quittera sa maison, nous irons voir ce qui se passe chez elle. On a le droit de savoir!

---

[10]**sorcière** witch    [11]**pouvoirs** powers    [12]**se déplacer** to move in the sky    [13]**dans les airs**    [14]**hideux** hideous    [15]**sinon** or else    [16]**case** hut    [17]**prend son vol** takes off    [18]**avoisinante** neighboring    [19]**verrouillée** bolted    [20]**se glisse** slips    [21]**trou de la serrure** keyhole    [22]**voisins** neighbors    [23]**grave** serious

## III

Le lendemain, Peau d'Âne plie[24] sa peau et la place dans son coin, puis elle part pour les îles. Cette fois, elle verrouille elle-même sa porte et emporte[25] la clé. Les hommes observent ses actions. Quand elle est partie, ils prennent un tronc d'arbre[26] dans le bois[27] et ils enfoncent[28] la porte. Ils entrent dans la maison.

Soudain, l'un d'eux s'exclame:

—Voilà! C'est sa vieille robe! Une peau d'âne!

—Jouons-lui un tour![29] Si on mettait sa vieille robe dans cette cuve[30] avec beaucoup de sel, la peau se dissoudrait.[31] Elle ne pourra plus la porter. Alors, on verra qui elle est vraiment.

—Allons-y. C'est une bonne idée.

Et nos villageois mettent leur plan à exécution.[32] Puis, ils repartent, laissant la case tout en désordre.

## IV

Quand Peau d'Âne revient chez elle, elle voit toutes ses choses cassées.[33] Elle cherche vite sa peau. Hélas! elle ne la trouve pas. Enfin, elle la voit toute défaite et décomposée dans l'eau salée.[34] Elle sait que, sans sa robe, elle ne peut pas vivre. Fatiguée de son voyage, le cœur brisé,[35] Peau d'Âne se cache dans un coin et se replie sur elle-même.[36]

Sept jours plus tard, les voisins, intrigués de ne plus voir Peau d'Âne, arrivent à sa case. Ils entrent et ils la trouvent toute petite dans un coin. Elle est morte. Ce n'est pas ce qu'ils désiraient: ils voulaient tout simplement satisfaire leur curiosité …

---

[24]**plie** folds      [25]**emporte** takes away      [26]**tronc d'arbre** tree trunk      [27]**bois** wood(s)      [28]**enfoncent** break down      [29]**Jouons-lui un tour!** Let's play a trick on her!      [30]**cuve** vat      [31]**dissoudrait** would dissolve      [32]**mettent leur plan à exécution** carry out their plan      [33]**cassées** broken      [34]**salée** salt(ed)      [35]**brisé** broken      [36]**se replie sur elle-même** curls up

## Exercices

1. En faisant la lecture du texte, vous avez appris plusieurs mots nouveaux et plusieurs expressions nouvelles. En voici quelques-uns: «commère», «attirer l'attention de», «voisin(e)», «comportement», «se déplacer», «mettre à exécution». En vous servant de ces mots et de ces expressions, ainsi que d'autre que vous connaissez, composez un paragraphe, oralement ou par écrit, sur le sujet qui vous plaira.

2. Répondez aux questions suivantes par une phrase complète.

   a. Que fait Peau d'Âne, qui attire l'attention?

   b. Pourquoi les gens du village sont-ils tellement intrigués par Peau d'Âne?

   c. Que font les hommes du village pour découvrir son secret?

3. Choisissez un des sujets suivants pour une discussion en classe ou une composition par écrit.

   a. Parlez des mauvais effets que peut avoir la curiosité entre voisins.

   b. Racontez la même histoire dans vos propres mots.

   c. Imaginez une fin heureuse à ce conte.

   d. Dans notre société, quelles personnes, par leur comportement inhabituel ou bizarre, peuvent provoquer l'animosité?

# 12

# Une légende d'Haïti

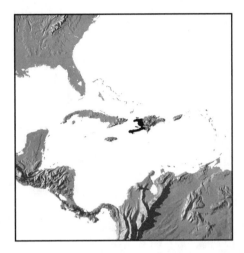

Les contes et les légendes jouent un grand rôle dans la culture haïtienne. Quand le conteur[1] annonce «Cric?», le groupe d'auditeurs répond «Crac!». Les auditeurs ne sont pas passifs: ils répondent, ils chantent, ils dansent, ils soufflent[2] les mots, ils commentent «Oh! Oh!» ou encore, quand le conteur exagère, «Euh! Euh!».

   Le conte suivant montre un héros qui, par son courage, triomphe des forces du mal.[3] Il sort victorieux des pièges tendus[4] par la sorcière. Le nom du jeune homme est significatif: «Dieudonné», c'est-à-dire «cadeau du Ciel».[5] C'est le sauveur, celui par qui tout le monde sortira de l'esclavage[6] et trouvera le bonheur.

---

[1]**conteur** storyteller    [2]**soufflent** suggest    [3]**mal** evil    [4]**pièges tendus** traps laid
[5]**Ciel** Heaven (sky)    [6]**l'esclavage** slavery

## Pour commencer ...

**1.** Avant de lire la légende, lisez le titre et la première phrase.
Ensuite, regardez l'illustration et répondez oralement aux
questions ci-dessous:

    **a.** Pensez-vous que Dieudonné aura une grande aventure?
    **b.** Pensez-vous qu'il arrivera à s'en sortir?

**2.** Faites une première lecture rapide du texte et donnez un sous-
titre aux sections III, IV et V. Choisissez-les parmi les suggestions
suivantes.

    **a.** Le premier piège de la sorcière.
    **b.** La découverte de Dieudonné.
    **c.** La victoire de Dieudonné.
    **d.** Le deuxième piège de la sorcière.

# D'ici on ne sort jamais

## I

—*CRIC?*

—*CRAC!*

Au temps où Haïti s'appelait encore Hispaniola, nom donné par
Christophe Colomb, il y avait une forêt nommée Bois-Métis.[7]
C'était une forêt maudite.[8] Tout le monde avait peur de l'approcher, car ceux qui y pénétraient—de jeunes chasseurs[9] pour la
plupart—ne revenaient jamais. Le nom de Bois-Métis a une triste
origine.

On dit que, au temps passé, un des gouverneurs avait l'habitude
de faire tuer[10] dans ce bois tous les enfants qui naissaient de

---

[7]**métis** mixed blood    [8]**maudite** cursed, damned    [9]**chasseurs** hunters
[10]**faire tuer** have killed

l'union d'un blanc et d'une esclave.[11] Depuis longtemps, donc, les gens ne s'approchaient pas de cette forêt.

## II

Il y avait, un jour, un jeune homme du nom de Dieudonné. Il habitait au Bassin bleu avec sa mère qui l'avait élevé avec beaucoup d'amour et de dévouement.[12] Pour gagner leur vie, elle fabriquait des bonbons à la noix de coco[13] et elle allait les vendre en ville. Cependant, elle devenait vieille, et son fils devait l'aider.

## III

Dieudonné était un bon fils et aussi un bon chasseur, mais il n'y avait plus beaucoup de gibier[14] dans les environs. Un jour, il dit à sa mère:

—Mère, je m'en vais[15] au Bois-Métis chasser la pintade[16] que tu aimes tant.

La mère essaie de l'en empêcher.[17] Elle lui rappelle[18] la légende du bois maudit. Cependant, comme elle connaît la prudence et l'habileté[19] de son fils, elle se laisse convaincre[20] et l'embrasse avant son départ.

Dieudonné part, armé de son fusil[21] et accompagné de ses trois chiens fidèles, vers la forêt maudite. À sa grande surprise, il découvre, en entrant dans le bois, une grande maison. Devant la maison, il voit un écriteau[22] portant ces mots: «D'ici on ne sort jamais».

## IV

Soudain, inexplicablement, Dieudonné a très soif. Sa gorge[23] est en feu; il ne peut plus respirer. Il s'approche et frappe[24] à la porte. Un être[25] monstrueux lui ouvre:

---

[11]**esclave** slave   [12]**dévouement** self-sacrifice   [13]**noix de coco** coconut
[14]**gibier** game (animals)   [15]**je m'en vais** I'm going off   [16]**la pintade** guinea hen
[17]**l'en empêcher** to prevent him from doing it   [18]**rappelle** reminds   [19]**l'habileté**
cleverness   [20]**se laisse convaincre** lets herself be persuaded   [21]**fusil** gun
[22]**écriteau** sign   [23]**gorge** throat   [24]**frappe** knocks   [25]**être** being

—Qu'est-ce que je peux faire pour vous, charmant jeune homme?

—Pourriez-vous me donner un verre d'eau, s'il vous plaît? Je meurs de soif.

La créature, émettant des gloussements[26] de satisfaction, répond:

—Avec plaisir! Entrez, mais laissez ces affreuses[27] bêtes dehors. J'ai horriblement peur des chiens!

La sorcière (car c'en était une![28]) sert alors à Dieudonné un grand verre d'eau. Il n'en boit que la moitié.[29] La sorcière est déçue:[30] elle avait mis au fond[31] du verre une drogue qui devait le rendre inconscient. Comment faire pour dominer ce jeune homme qui, le premier,[32] n'est pas tombé dans le piège du verre d'eau empoisonné …

La sorcière tente[33] alors une autre formule magique. Alors, Dieudonné—qui ne fume[34] pas—est pris d'une envie soudaine[35] de fumer. Comme il n'a pas de cigarette, il en demande une à la sorcière. Elle se montre tellement contente qu'il la trouve suspecte.[36] Il l'observe donc de près.[37] Elle met une poudre sur l'allumette.[38] Alors, il accepte la cigarette, il l'allume mais il n'aspire pas[39] la fumée empoisonnée. Il la souffle[40] plutôt au visage de la sorcière. Les yeux pleins de fumée empoisonnée, la sorcière ne voit plus rien. Dieudonné en profite pour l'attacher.[41]

—Vieille sorcière, dis-moi ce que tu as fait des autres jeunes gens qui ont frappé à ta porte. À eux aussi tu as jeté un sort:[42] ils mouraient de soif! Allez! Parle, ou je fais entrer mes trois gros chiens qui sont affamés.[43]

Terrifiée à l'idée des chiens, la vieille sorcière accepte de mener Dieudonné au hangar où elle retient dix jeunes gens enchaînés et bâillonnés.[44] Elle les a déjà rendus zombis avec ses substances magiques pour les vendre ensuite à des marchands d'esclaves. C'est ce qu'elle a déjà fait de plusieurs autres.

---

[26]**gloussements** chortling    [27]**affreuses** frightful    [28]**car c'en était une** for that's what she was    [29]**la moitié** half    [30]**déçue** disappointed    [31]**au fond** at the bottom    [32]**le premier** (is) the first    [33]**tente** tries    [34]**fume** smokes    [35]**envie soudaine** sudden desire    [36]**suspecte** suspicious    [37]**de près** closely    [38]**allumette** match    [39]**n'aspire pas** does not inhale    [40]**souffle** blows    [41]**l'attacher** to tie her up    [42]**tu leur as jeté un sort** you cast a spell on them    [43]**affamés** starving    [44]**bâillonnés** gagged

Dieudonné fait entrer ses chiens qu'il tient en laisse:[45]

—Sorcière, utilise tes formules pour remettre ces jeunes gens dans leur état normal.

La vieille suit ses ordres, puis, voyant les chiens, elle a tellement peur qu'elle recule[46] et tombe dans le puits.[47] Et voilà pour la sorcière!

Dieudonné libère les prisonniers de leurs chaînes. Ensemble, ils visitent l'immense maison. C'est un vrai palais, avec des chambres pleines de richesses! Il va chercher sa mère et, avec les gens qu'il a sauvés, il s'installe dans ce château.

Depuis ce jour, la forêt offre à Dieudonné et à ses amis tout le gibier qu'ils peuvent désirer.

## Exercices

**1.** Voici quelques mots et expressions choisis dans le récit: «pénétrer dans», «s'approcher de», «avoir peur de», «forêt». Dans le passage qui suit, remplissez les espaces vides avec le mot approprié.

> Dieudonné se prépare à _____ dans la _____, même si sa mère lui a toujours demandé de ne pas s'en _____.

**2.** Dans le passage suivant, dites à quoi se réfère le pronom en italique:

> «La sorcière se montre tellement contente de sa demande de cigarette qu'il la trouve suspecte. Il *l'*observe de près.»

Ici, «l'» se réfère

    **a.** à la sorcière.
    **b.** à la demande.
    **c.** à la cigarette.

---

[45]**tient en laisse** holds on a leash    [46]**recule** backs off    [47]**puits** well

**3.** Répondez par une phrase complète aux questions suivantes.

    **a.** Quel est le premier piège de la sorcière?
    **b.** Comment Dieudonné s'en sort-il?
    **c.** Quel est le deuxième piège de la sorcière?
    **d.** Comment Dieudonné y échappe-t-il?
    **e.** Comment la sorcière meurt-elle?

**4.** Choisissez un des sujets suivants pour une discussion en classe ou une composition par écrit.

    **a.** Reformulez le récit dans vos propres mots.
    **b.** Donnez une fin différente à ce récit.
    **c.** Discutez des éléments de ce conte qui réfèrent à l'esclavage.

Pour cet exercice, on peut diviser la classe en quelques groupes.

# 13

# Un conte de la Louisiane

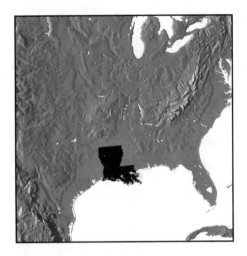

*Le conte qui suit se classe parmi les contes explicatifs.
Comment expliquer les habitudes de la main? Pourquoi est-elle
portée à écraser[1] les moustiques[2] qui tournent autour des
oreilles? Le conteur[3] invente toute une histoire pour expliquer
ce fait.*

## Pour commencer ...

**1.** Avant de lire le conte, lisez-en le titre et regardez l'illustration.
Quel sera le sujet du conte d'après vous?

**2.** Faites une première lecture rapide du texte et donnez un sous-
titre à chacune de ses quatre sections.

---

[1]**écraser** to crush     [2]**moustiques** mosquitos     [3]**conteur** storyteller

# Moustique et Oreille

## I

**M**oustique habitait près d'un marécage.⁴ Un jour que sa femme était malade, sa voisine,⁵ Oreille, est venue leur rendre visite.

—S'il vous plaît, Oreille, dit Moustique, rends-moi un service.⁶

—Certainement, voisin, je suis à ta disposition!

—Ma femme est malade et je ne peux pas la laisser seule. Va chez l'épicier⁷ me chercher une bouteille de rhum, s'il te plaît.

—Volontiers,⁸ dit Oreille.

Moustique donne un gros billet⁹ à Oreille. Oreille s'en va.¹⁰

—Je reviens tout de suite, voisin!

Oreille rentre chez elle en chantant.

—Eh! mon mari, regarde ce que je rapporte!¹¹ Voici le gros billet que Moustique m'a donné!

—Mais pourquoi t'a-t-il donné ça?

—Imagine, monsieur Moustique m'a demandé d'aller au magasin pour lui. Comme si j'étais sa domestique!¹² Il s'est adressé à la mauvaise¹³ personne; je n'irai pas!

—Mais, dit le mari, il viendra chercher son argent!

—N'aie pas peur. Je vais prendre mes précautions.

Le temps passe, et Moustique ne vient pas réclamer¹⁴ ce qu'on lui doit. Cependant, chez lui, il n'y a plus d'argent. Les enfants ont faim. Finalement, sa femme lui dit:

—Mon homme, il ne faut pas laisser les choses comme ça. Demain matin, tu iras voir Oreille. Demande-lui ton argent.

---

⁴**marécage** swamp    ⁵**voisine** neighbor    ⁶**rends-moi un service** do me a favor
⁷**l'épicier** grocer    ⁸**Volontiers** Gladly    ⁹**billet** bill (paper money)    ¹⁰**s'en va**
goes off    ¹¹**rapporte** bringing back    ¹²**domestique** servant    ¹³**mauvaise** wrong
¹⁴**réclamer** to claim

## II

De son côté, Oreille ne perd pas son temps. Elle part trouver Main et lui demande:

—Main, veux-tu me rendre un service?

—Bien sûr!

—Ce n'est pas grand-chose:[15] depuis l'autre jour, Moustique est après moi. Je ne sais pas ce qu'il me veut,[16] mais je m'en méfie.[17]

—Alors, dit Main, qu'est-ce que je peux faire pour toi?

—Eh bien, chaque fois que tu l'entendras venir, donne-lui quelques claques.[18]

## III

Un peu plus tard, Moustique arrive chez Oreille.

—Oreille, pour l'amour de Dieu, rends-moi mon argent!

Il n'avait pas fini de parler qu'on entendait «pif!» par ci, «paf!» par là! Moustique a failli être[19] écrasé! Alors, il change de côté et redemande:

—Oreille, pour l'amour …

Sans même avoir le temps de finir sa phrase, il reçoit une gifle[20] qui le projette au loin. Il arrive à peine[21] à voler jusque chez lui.

—Ma femme, dit-il, il vaut mieux abandonner l'argent à Oreille. Elle a demandé à Main de m'assassiner!

## IV

Depuis ce jour, chaque fois que Moustique vient tourner autour d'Oreille, Main est prête à lui donner une claque.

---

[15]**pas grand-chose** not much    [16]**ce qu'il me veut** what he wants from me    [17]**je m'en méfie** I don't trust him    [18]**claques** slaps, blows    [19]**a failli être** was almost    [20]**gifle** slap    [21]**à peine** hardly, barely

## Exercices

1. Répondez par une phrase complète aux questions suivantes.

   **a.** Pourquoi Moustique donne-t-il de l'argent à Oreille?
   **b.** Qu'est-ce qu'Oreille fait avec l'argent?
   **c.** Qu'est-ce que Main vient faire dans l'histoire?

2. Choisissez un des sujets suivants pour une discussion en classe ou une composition par écrit.

   **a.** Quels éléments du conte font qu'il vous paraît drôle?
   **b.** Redites le conte dans vos propres mots.

3. Imaginez une petite histoire pour expliquer l'origine d'un autre phénomène de la vie de tous les jours.

# 14

# Un conte du Québec

*Voici un conte encore bien présent dans la mémoire des Québécois. Ce conte-ci était le préféré de la grand-mère des auteurs. C'est une histoire merveilleuse. Le héros a tellement d'aventures que, chaque fois qu'elle la racontait, c'était une nouvelle version. Il faut dire que les bons conteurs[1] ont beaucoup d'imagination! Voici donc quelques aventures de notre héros, Barbaro.*

## Pour commencer ...

1. Avant de lire le conte, lisez le titre et le premier paragraphe. Ensuite, regardez l'illustration et tentez de prédire ce qui va s'y passer.

2. Lisez maintenant le second paragraphe. Complétez ou rectifiez vos prédictions.

3. Faites une première lecture rapide du texte et donnez un sous-titre aux sections IV, V et VI.

---

[1] **conteurs** storytellers

# Barbaro-Grandes-Oreilles

## I

Il y avait une fois un couple qui vivait très loin d'un petit village. Comme ils étaient pauvres et que l'homme était bûcheron,[2] ils avaient construit une assez grande maison près du bois. Ils voulaient la remplir d'enfants. L'homme travaillait dans la forêt toute la journée; la femme s'occupait de la maison, du jardin et des animaux. Le couple avançait en âge, mais il n'avait toujours pas d'enfants. Le bûcheron et sa femme en étaient désolés.

## II

Un jour, en revenant du village vers sa pauvre maison, la femme rencontre une vieille dame qu'elle trouve particulièrement sympathique. Elle lui raconte donc ses malheurs.[3] Or,[4] cette vieille était une fée[5] venue là justement pour aider ces pauvres gens.

—Je pourrais sans doute vous aider, chère dame, dit la fée.

—Comment cela?

—J'avais autrefois[6] le pouvoir d'aider les époux[7] à avoir des enfants. De plus, je pouvais accorder des dons[8] merveilleux à ces petits ... Hélas! J'ai perdu la mémoire: mes formules magiques s'entremêlent[9] dans ma tête, et je ne sais pas si je peux encore le faire ...

—Essayez tout de même,[10] bonne fée: sans enfants, nous sommes si malheureux![11]

---

[2]**bûcheron** woodcutter   [3]**malheurs** troubles   [4]**Or** Now   [5]**fée** fairy
[6]**autrefois** in the past   [7]**époux** married couple   [8]**dons** gifts, talents
[9]**s'entremêlent** mingle   [10]**tout de même** anyway   [11]**malheureux** unhappy

## III

Trois mois plus tard, à la grande surprise des parents, un énorme bébé naissait. Même s'il pesait[12] vingt livres,[13] sa naissance[14] a été facile pour la mère qui ne savait pas que son bébé allait être si gros. L'enfant semblait en parfaite santé, mais il avait de très longues oreilles, comme celles d'un lapin.[15] Les parents étaient tout de même bien contents d'avoir un bébé tellement en forme.[16] Ils l'ont nommé Barbaro, comme son grand-père, un célèbre lutteur.[17]

Le bébé avait un appétit d'ogre: les pauvres parents devaient se priver[18] de nourriture[19] pour leur fils. On le voyait grossir; il semblait très intelligent et était très fort. Dès sa première semaine, Barbaro avait toutes ses dents, même ses dents de sagesse![20] À trois mois, il parlait et était complètement indépendant. La mère était bien fière[21] de lui. À deux ans, Barbaro faisait tous les travaux domestiques: il balayait[22] la maison, allait chercher le bois, soignait[23] les animaux. Les parents n'en revenaient pas[24] et bénissaient[25] la fée qui leur avait envoyé cet enfant.

Barbaro allait continuer à étonner ses parents!

## IV

Le jour même où Barbaro a quatre ans, il va rejoindre son père dans le bois pour l'aider à couper les arbres. Comme il n'a pas de hache,[26] il décide de s'en faire une. En marchant le long de la rivière, il voit un vieux bateau. Il y trouve une barre de métal et il se fabrique une énorme hache. Puis, il va rejoindre son père.

—Papa, va te reposer. Laisse-moi travailler.

Le père ne veut pas laisser travailler un si jeune enfant, mais Barbaro insiste. Il commence par un gros arbre de quarante pouces[27] de diamètre. Avec sa hache d'une tonne, il l'abat[28] d'un

---

[12]**pesait** weighed    [13]**livres** pounds    [14]**naissance** birth    [15]**lapin** rabbit
[16]**en forme** (physically) fit    [17]**lutteur** wrestler    [18]**se priver** to deprive themselves
[19]**nourriture** food    [20]**dents de sagesse** wisdom teeth    [21]**fière** proud
[22]**balayait** swept    [23]**soignait** took care of    [24]**n'en revenaient pas** couldn't
get over it    [25]**bénissaient** blessed    [26]**hache** axe    [27]**pouces** inches
[28]**l'abat** fells it

seul coup. Puis, sans s'arrêter, il bûche[29] trois cordées[30] de bois. Tout cela en dix minutes.

—Tu bûches![31] tu bûches!!! répète son père, tout surpris.

—En une semaine, le fils a terminé tout le travail qu'il y avait à faire dans le bois pour la saison. Il a aussi labouré[32] le jardin et ne trouve plus rien à faire. Il décide donc de quitter la maison pour aller se trouver du travail. Il dit à ses parents:

—Même si je ne suis pas une grande personne,[33] je suis gros et fort. Je trouverai sûrement du travail. Je vous promets de vous ramener[34] beaucoup d'argent.

Les parents acceptent, car ils ne réussissent plus à nourrir[35] Barbaro. À lui seul, il mange en un seul repas ce que son père et sa mère mangent en un mois!

## V

Barbaro part donc vers le château du roi: il sait qu'on y a besoin d'ouvriers.[36] En chemin, il aperçoit un beau carrosse[37] et, tout près, deux princes et deux princesses qui essaient de faire tomber les glands[38] d'un chêne.[39]

—Avez vous besoin d'aide? demande Barbaro. Je peux faire tomber les glands pour vous, mais vous devrez les manger tous!

Quand les princes et les princesses voient le jeune gros garçon aux grandes oreilles, ils ont peur. Cependant, d'après son regard[40] doux et gentil, ils devinent[41] qu'il veut simplement leur rendre service.

—D'accord, disent les jeunes gens en riant.[42]

Alors, Barbaro, d'un seul bras, se met à[43] brasser[44] le chêne si fort que tous les glands en tombent. Les jeunes gens ont des glands jusqu'aux genoux.[45] Un des princes s'écrie:

---

[29]**bûche** chops    [30]**cordées** cords    [31]**Tu bûches!** You're really working hard! (*coll.*)
[32]**labouré** tilled    [33]**grande personne** grown-up    [34]**ramener** to bring back
[35]**nourrir** to feed    [36]**ouvriers** workmen    [37]**carrosse** coach    [38]**glands** acorns
[39]**chêne** oak tree    [40]**regard** look    [41]**devinent** guess    [42]**en riant** laughing
[43]**se met à** starts to    [44]**brasser** to stir up    [45]**genoux** knees

—Nous ne pouvons pas les manger tous, mais nous te paierons pour ta gentillesse. Prends ce coffre.[46] Il est plein de pièces d'argent.[47] Et bonne chance!

## VI

Barbaro prend le coffre sur ses épaules[48] et continue sa route jusque chez le roi pour demander du travail. Le roi le trouve bien jeune, mais, comme Barbaro est très gros et qu'il semble bien fort, le roi lui dit:

—Le seul travail que j'ai à faire, c'est de labourer mes champs.[49] Le travail doit commencer demain. J'ai besoin d'un homme habile[50] et rapide.

—Il est là, devant vous, répond fièrement Barbaro.

—Je te donnerai vingt dollars pour les trois champs.

—Je veux au moins dix dollars par champ, dit Barbaro, soit[51] trente dollars. Si vous le préférez, j'accepte vingt dollars, mais je vous donnerai une gifle[52] pour les dix dollars en moins.

—Tu recevras vingt dollars, répond sèchement[53] le roi.

Quand Barbaro soulève[54] son chapeau en signe d'accord, le roi voit ses oreilles. Il est très surpris. Il va raconter à sa femme sa rencontre avec Barbaro-Grandes-Oreilles. La reine regarde par la fenêtre. Elle voit Barbaro qui s'éloigne.[55] Il porte sur sa tête, entre ses deux longues oreilles, un énorme coffre. Soudain, elle a peur:

—C'est moi qui vais lui porter son déjeuner demain à midi. J'ai peur de ce jeune géant. J'aimerais que tu le renvoies[56] demain soir, dit-elle à son mari.

—D'accord, dit le roi.

Le lendemain matin, à l'aube,[57] Barbaro arrive, très en forme. Il a dormi près de la rivière et a mangé vingt poissons qu'il a pêchés[58]

---

[46]**coffre** chest      [47]**pièces d'argent** silver coins      [48]**épaules** shoulders
[49]**champs** fields      [50]**habile** clever      [51]**soit** that is to say      [52]**gifle** slap in the face
[53]**sèchement** dryly      [54]**soulève** tips      [55]**s'éloigne** is leaving      [56]**le renvoies** send
him away      [57]**à l'aube** at dawn      [58]**a pêchés** fished

avec ses mains. Dans la grange,[59] le roi lui montre une charrue[60] si lourde[61] qu'elle était inutilisable. Il lui indique les deux chevaux les plus sauvages[62] qu'il possède:

—Attelle[63] les chevaux et commence à labourer le premier champ. Nous nous reverrons ce soir.

Barbaro va immédiatement atteler le premier cheval, mais l'animal se met à ruer.[64] Barbaro lui donne alors une toute petite tape,[65] et le cheval tombe par terre en se lamentant.[66] Barbaro passe à l'autre cheval, mais la bête est nerveuse et refuse l'attelage.[67] Barbaro serre[68] alors l'animal dans ses bras, mais le pauvre cheval en a les côtes[69] cassées.[70]

—Tant pis,[71] dit Barbaro. Je pousserai la charrue moi-même: je n'ai pas besoin de ces moustiques![72]

Barbaro porte la charrue sur ses épaules jusqu'au champ, et il commence à la pousser. Il fait le premier champ, puis le second, puis le troisième. Quand il a terminé les champs du roi, il fait ceux du voisin.[73] À midi, quand la reine apporte son repas—quelques tranches de pain avec du pâté—elle n'en revient pas de voir travailler le garçon:

—Mais où sont les chevaux? demande-t-elle.

—J'ai donné une petite tape à l'un d'eux, et il est tombé par terre. J'ai serré l'autre un petit peu dans mes bras pour l'atteler, et il s'est mis à crier et s'est jeté par terre. Alors, j'ai décidé de travailler sans eux.

—Mettez la charrue dans la grange et venez voir le roi tout de suite, ordonne la reine à Barbaro.

## VII

La reine, effrayée,[74] revient en courant au château et dit au roi de préparer la paie de Barbaro pour qu'il s'en aille. Barbaro arrive tout de suite:

---

[59]**grange** barn    [60]**charrue** plow    [61]**lourde** heavy    [62]**sauvages** wild
[63]**Attelle** Harness    [64]**ruer** to lash about, kick    [65]**tape** slap    [66]**en se lamentant** groaning    [67]**l'attelage** harness    [68]**serre** grips    [69]**côtes** ribs    [70]**cassées** broken    [71]**Tant pis** Too bad    [72]**moustiques** mosquitos    [73]**voisin** neighbor
[74]**effrayée** very frightened

—Tiens, ta paie, dit le roi en offrant les vingt dollars à Barbaro.

—Nous avons convenu[75] de vingt dollars «plus une gifle», répond Barbaro en souriant.[76]

Quand la reine voit Barbaro sortir la main droite de sa poche, elle pense aux gifles que Barbaro a données au cheval:

—Mon pauvre mari va revoler[77] si jamais Barbaro lui donne une gifle!

Alors, elle court jusqu'à la rivière pour pouvoir rattraper[78] son mari et le soigner après la gifle. Quand elle se retourne, elle voit Barbaro gifler le roi avec force. Le pauvre roi s'envole[79] dans les airs comme une balle. La reine veut lui saisir[80] la main, mais le roi l'entraîne[81] dans son vol[82] par-delà[83] la rivière et la forêt.

## VIII

Le roi et la reine ne sont jamais revenus. Toutes les recherches ont été vaines. Le château est maintenant vacant. Après quelques mois, Barbaro décide d'aller chercher ses parents. Alors, il attelle les plus beaux chevaux au carrosse royal, y met son coffre plein de pièces d'argent et il part.

—Qui êtes-vous, Sire? dit la mère en voyant descendre Barbaro du carrosse royal.

—C'est moi, votre fils. Nous sommes riches maintenant. Prenez ce coffre: il est à vous.

La mère n'en revient pas de voir son fils: à quatre ans et demi, il est maintenant aussi grand que son père! Elle embrasse Barbaro, puis elle ouvre le coffre qu'il lui offre:

—Je n'ai jamais vu tant d'argent! Tu ne l'a pas volé au moins, mon garçon?

—Jamais de la vie! Je l'ai gagné en travaillant. Maintenant, achetez-vous des vêtements et venez me rejoindre au château.

Depuis ce temps, le bûcheron et sa femme vivent au château avec leur fils. Barbaro grossit toujours. Je suis allé le voir moi-même,

---

[75]**avons convenu** agreed    [76]**en souriant** smiling    [77]**revoler** to fly (*coll.*)
[78]**rattraper** to catch    [79]**s'envole** takes off    [80]**saisir** to grab    [81]**l'entraîne**
drags her off    [82]**vol** flight    [83]**par-delà** beyond

moi qui vous parle. C'était son anniversaire, il avait six ans: après le dîner, le géant était étendu[84] dans l'herbe, mais il a éternué[85] et je suis parti au vent. Voilà pourquoi je suis ici pour vous raconter cette histoire.

## Exercices

**1.** Dans le passage suivant, dites à quoi se réfère le pronom en italique:

> «Les parents bénissaient la fée qui *leur* avait donné cet enfant.»
> «Les jeunes gens devinent que Barbaro veut simplement *leur* rendre service.»

**2.** Dans la phrase suivante, quelle est la nature du mot «leurs»? Est-il encore un pronom?

> «Des parents pauvres se privent parfois de nourriture en faveur de *leurs* enfants.»

**3.** Répondez aux questions suivantes par une phrase complète.

> **a.** Pourquoi les parents étaient-ils malheureux au début de l'histoire?
> **b.** Comment les parents ont-ils réussi à avoir un enfant?
> **c.** Comment était l'apparence physique de l'enfant? Et son tempérament? Et son intelligence?
> **d.** Comment Barbaro a-t-il réussi à gagner de l'argent?
> **e.** À votre avis, pourquoi Barbaro a-t-il ajouté une petite gifle à son salaire?

**4.** Que feriez-vous si vous aviez un enfant comme Barbaro? Que feriez-vous si vous étiez Barbaro?

**5.** Imaginez d'autres aventures avant l'arrivée de Barbaro chez le roi.

---

[84]**étendu** stretched out    [85]**a éternué** sneezed

# 15

# Un conte de la Corse

*Le conte suivant ressemble au conte de Cendrillon, cette fille maltraitée par sa méchante[1] belle-mère[2] et ses demi-sœurs.[3] Chaque pays de la francophonie en a sa propre version. Dans chacune, la jeune fille triomphe de l'épreuve[4] qui lui est imposée par des gens méchants. Sa transformation physique est le miroir de sa beauté intérieure.*

## Pour commencer …

1. Avant de lire le conte, lisez-en le titre et les deux premières phrases. Ensuite, regardez l'illustration et répondez oralement aux questions suivantes:

   **a.** Comment s'appelle l'aînée des filles, d'après vous?
   **b.** Trouvera-t-elle le bonheur?

2. Faites une première lecture rapide du texte. Ensuite, donnez oralement ou par écrit ce qui vous semble être l'idée principale des sections V, VI et VII.

---

[1]**méchante** wicked    [2]**belle-mère** stepmother    [3]**demi-sœurs** half-sisters
[4]**épreuve** test

# *Tresses d'Ail*[5]

## I

Il était une fois une femme qui avait trois filles. L'aînée[6] était la fille de la première femme de son mari. Elle était laide[7] mais gentille et travailleuse. Sa belle-mère ne l'aimait pas et elle voulait que les gens se moquent d'elle. Entre autres moyens[8] d'humiliation, la belle-mère l'obligeait à porter des robes faites avec des fibres d'ail[9] tressées,[10] comme la plus pauvre des pauvres. Elle gâtait[11] les deux cadettes[12] qui étaient ses propres filles mais ne s'occupait de l'aînée que pour lui donner du travail.

## II

Un jour, la belle-mère part avec ses deux préférées, élégamment habillées, faire une promenade. À leur retour, Tresses d'Ail leur montre le travail qu'elle a fait pendant leur absence: sept beaux fuseaux[13] de soie![14] Ses sœurs sont jalouses de son habileté.[15] Quant à[16] la belle-mère, elle ne félicite pas[17] sa fille, mais elle n'en revient pas.[18] Dans sa surprise, elle rit aux éclats.[19]

## III

Un gentilhomme passe au même moment devant la porte de la maison et dit à la mère:

—Vous avez l'air d'une femme heureuse. Est-ce que je peux vous demander ce qui vous fait rire comme cela?

—Pendant notre courte[20] absence, ma fille a filé[21] sept fuseaux de soie! lui répond la mère.

---

[5]**Tresses d'Ail** Garlic Rags (Braids)    [6]**aînée** eldest    [7]**laide** ugly    [8]**moyens** means, ways    [9]**fibres d'ail** garlic fibers    [10]**tressées** woven, braided    [11]**gâtait** spoiled    [12]**cadettes** youngest (daughters)    [13]**fuseaux** skeins    [14]**soie** silk    [15]**habileté** cleverness    [16]**Quant à** As for    [17]**ne félicite pas** doesn't congratulate    [18]**n'en revient pas** can't get over it    [19]**rit aux éclats** bursts out laughing    [20]**courte** brief    [21]**a filé** has woven

Le gentilhomme (qui, en fait, est le fils du roi) se cherche justement une épouse.[22] Il demande à rencontrer la jeune fille, mais la mère lui dit:

—Si vous la voulez, vous la verrez le jour du mariage! Elle est à prendre ou à laisser.[23] Je vous avertis:[24] elle a très peu d'argent.

—Est-elle gentille?

—Tout le monde dit qu'elle est très gentille.

—Alors, d'accord, dit le prince, sa fortune ne m'intéresse pas.


## IV

Le jour fixé, les serviteurs du prince viennent chercher la fiancée dans un beau carrosse doré.[25] Pour l'humilier, sa méchante belle-mère la force à mettre sa robe de tresses d'ail.

—Je connais quelqu'un qui va te trouver bien laide! J'aimerais le voir quand tu arriveras au palais!

Les serviteurs du prince se demandent pourquoi le prince, qui est si beau et si élégant, veut épouser une fille si laide et si pauvre. Ils amènent[26] quand même[27] la fiancée.


## V

En chemin, les serviteurs s'arrêtent près d'un puits.[28] Or,[29] au même moment, trois fées[30] s'y trouvent pour boire un peu d'eau. Elles ne sont pas en bonne forme: la première a une poussière[31] dans l'œil; la seconde vient de[32] s'étouffer[33] avec une arachide;[34] la troisième souffre d'un torticolis.[35] En voyant arriver le beau carrosse du prince, elles s'approchent pour voir la jeune beauté qui y est cachée. Devant une fille si laide, les fées se mettent à[36] rire:

---

[22]**épouse** wife     [23]**Elle est à prendre ou à laisser.** Take her or leave her.
[24]**avertis** warn     [25]**carrosse doré** gilded coach     [26]**amènent** take     [27]**quand même** anyway     [28]**puits** well     [29]**Or** Now     [30]**fées** fairies     [31]**poussière** speck of dust     [32]**vient de** has just     [33]**s'étouffer** to choke     [34]**arachide** peanut
[35]**torticolis** stiff neck     [36]**se mettent à** begin to

—Ah! Ah! Oh! Oh! Peut-on imaginer! L'avez-vous vue? Avez-vous vu sa robe? Ah! Ah! Oh! Oh! Ouf! Ouf! Ouf! Ah! Ah! Ah! Ouf! Ouf!

Tout à coup, la première fée dit:

—Ouf! J'ai tellement pleuré[37] de rire que la poussière est tombée de mon œil avec mes larmes![38]

—Et moi, de dire l'autre, mon morceau d'arachide s'est dégagé[39] de ma gorge![40]

—Moi, ajoute la troisième, je pense … que j'avais un torticolis, mais j'ai tellement craqué de rire que je ne le sens plus!

## VI

En regardant le carrosse partir, les trois fées sont ragaillardies.[41] L'une d'elles dit:

—Cette fille nous a guéries[42] toutes les trois. Nous devrions l'en récompenser.

—Moi, je lui donne la beauté! dit la première.

—Moi, je lui offre une somptueuse toilette de mariée[43] et aussi je lui accorde un don:[44] que tout ce qu'elle touche devienne de l'or[45] ou ce qu'elle désirera.

—Moi, dit la troisième, je lui fais le don de l'amour et du bonheur avec son beau prince!

## VII

Quand la fiancée du prince arrive, le roi et le prince l'attendent. Ils croient rêver:[46] c'est une apparition du ciel![47] Le voile de dentelle[48] brodée[49] d'or fin révèle un visage d'une telle douceur[50] et d'une si grande beauté que le prince en est tout ébloui.[51] La

---

[37]**J'ai tellement pleuré** I cried so much    [38]**larmes** tears    [39]**s'est dégagé** came free    [40]**gorge** throat    [41]**ragaillardies** revived    [42]**nous a guéries** cured us    [43]**toilette de mariée** wedding gown    [44]**don** gift, talent    [45]**de l'or** gold    [46]**rêver** to dream    [47]**ciel** heaven    [48]**voile de dentelle** lace veil    [49]**brodée** embroidered    [50]**douceur** kindness, sweetness    [51]**ébloui** dazzled

jeune fille regarde le prince et, sur-le-champ,[52] ils tombent follement[53] amoureux l'un de l'autre.

Le mariage a été une fête spectaculaire. Depuis, on ne parle que du couple princier[54] et de son bonheur.

## Exercices

**1.** En faisant la lecture du texte, vous avez appris plusieurs nouveaux mots. En voici quelques-uns: «féliciter», «habileté», «gâter», «venir de», «se mettre à rire». En vous servant de ces mots, composez un paragraphe, oralement ou par écrit, dans le même contexte que le conte ou dans un contexte différent.

**2.** Dans le passage suivant, dites à quoi se réfère le pronom en italique:

> «En *y* voyant une fille si laide, les fées se mettent à un rire.»

Ici, le pronom «y» se réfère

   **a.** au château.
   **b.** au carrosse.
   **c.** au puits.

**3.** Répondez par des phrases complètes aux questions suivantes.

   **a.** Quelle tâche Tresses d'Ail accomplit-elle de façon exceptionnelle?
   **b.** Pourquoi l'a-t-on appelée Tresses d'Ail?
   **c.** Pour quelle raison chacune des fées est-elle ragaillardie?
   **d.** Quels dons lui accordent les fées?

**4.** Imaginez que Tresses d'Ail ne rencontre pas les fées près du puits. Quelle sera alors la fin de son histoire?

---

[52]**sur-le-champ** instantly    [53]**follement** madly    [54]**princier** princely, royal

# 16

# Un conte de la Suisse

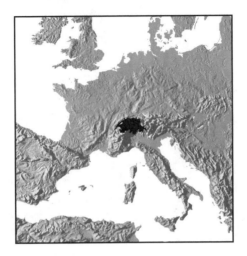

*En Europe, autrefois,[1] le maître possédait les terres, et le métayer[2] les cultivait. Le métayer recevait en échange une part des récoltes,[3] ce qui était son salaire annuel.*

*Dans son récit, le métayer veut tirer profit des cendres[4] de broussailles.[5] N'oublions pas que les anciens[6] utilisaient les cendres pour fabriquer du savon, de l'engrais[7] et d'autres produits.*

## Pour commencer ...

**1.** Avant de lire le conte, lisez-en le titre et les deux premières phrases. Ensuite, regardez l'illustration. Puis, répondez oralement aux questions suivantes.

> **a.** Pensez-vous que le métayer racontera une menterie? Et son maître?
>
> **b.** Selon vous, lequel des deux gagnera?

---

[1]**autrefois** in earlier times   [2]**métayer** tenant farmer   [3]**récoltes** harvest
[4]**cendres** ashes   [5]**broussailles** underbrush   [6]**anciens** ancients, early peoples
[7]**engrais** fertilizer

**2.** Faites une première lecture rapide du conte et donnez un sous-titre à chacune de ses trois sections.

# Le Maître et le métayer

## I

Un jour, un maître dont la moisson[8] a été particulièrement abondante propose un pari[9] à son métayer:

—Si tu le veux, nous allons faire un pari: celui qui dira la plus belle menterie[10] gagnera la part de récolte de l'autre.

—Oh! je ne veux pas, dit le métayer. Ma part de récolte m'est nécessaire pour vivre.

—Tant pis[11] si tu perds, mais tu gagneras peut-être.

Le maître insiste tellement que le métayer finit par accepter le pari. Alors, le maître dit au métayer:

—Parle le premier, dis ta menterie d'abord.

## II

Le métayer commence ainsi:

—Eh bien! maître, un jour, j'avais beaucoup de travail à faire, mais je ne voulais pas travailler. Je me sentais tout paresseux. Je me suis couché sous les arbres et j'ai commencé à compter nos abeilles.[12] Eh bien! maître, j'ai compté toutes les abeilles qui étaient en dehors[13] des ruches.[14] Mais quand j'ai voulu compter les ruches, je ne les ai pas trouvées … J'ai regardé partout, mais je n'ai pas pu en trouver une! Alors, j'ai commencé à avoir peur. J'ai continué à les chercher pendant des heures. Finalement, je les ai

---

[8]**moisson** harvest   [9]**pari** bet   [10]**menterie** tall tale   [11]**Tant pis** Too bad
[12]**abeilles** bees   [13]**en dehors** outside   [14]**ruches** beehives

trouvées dans les broussailles. Il y avait sept loups[15] qui étaient en train de[16] les manger! Ils allaient évidemment les avaler[17] toutes! J'ai lancé ma hache[18] sur les loups pour les arrêter, et ils se sont enfuis.[19]

Ensuite, j'ai cherché ma hache, mais elle était perdue dans les broussailles. En préparant mon dîner, j'ai mis le feu[20] aux broussailles. Elles ont brûlé[21] très fort, mais le feu a laissé le manche[22] de ma hache intact.

Eh bien! maître, ensuite, je voulais bien profiter des cendres du feu, donc, j'ai cherché dans mes poches et j'ai trouvé une fève.[23] Puis, avec le manche de ma hache, j'ai planté la fève dans les cendres. Alors, maître, cette fève a poussé[24] et elle est devenue en un instant si belle et si haute que j'ai décidé de monter jusqu'où elle montait.

Eh bien! maître, j'ai monté, j'ai monté si haut, de branche en branche en branche encore, que, à la fin, je suis arrivé chez le Bon Dieu. À ce moment-là, il distribuait les moissons d'avoine.[25] Pour redescendre, j'étais obligé de me faire un câble. J'ai demandé au Bon Dieu s'il voulait me donner de la balle[26] d'avoine pour me fabriquer un câble.

—Ah! me dit le Bon Dieu, si tu veux, sers-toi.

Eh bien! maître, j'ai défait[27] l'avoine, puis je l'ai étirée,[28] puis je l'ai nouée[29] pour faire un câble. Quand j'ai fini de préparer mon câble, j'ai commencé à descendre. Quand je suis arrivé au bout du câble, j'ai vu qu'il n'était pas assez long pour toucher terre. Eh bien! maître, je me suis laissé tomber sur un rocher,[30] et puis je m'y suis enfoncé[31] jusqu'aux aisselles.[32] À ce moment-là, des femmes allaient au marché, avec leurs poules[33] et leurs œufs.

Elles se sont arrêtées pour m'aider, leurs poules ont cassé[34] le rocher avec leurs dents, et me voilà!

Eh bien, maître, j'ai fini mon histoire. Maintenant, à votre tour de dire votre menterie.

---

[15]**loups** wolves    [16]**étaient en train de** were in the midst of    [17]**avaler** to swallow    [18]**hache** axe    [19]**se sont enfuis** fled    [20]**j'ai mis le feu** I set fire    [21]**elles ont brûlé** they burned    [22]**manche** handle    [23]**fève** bean    [24]**a poussé** sprouted    [25]**avoine** oats    [26]**balle** bale    [27]**j'ai défait** I took apart    [28]**je l'ai étirée** I stretched it out    [29]**je l'ai nouée** I knotted it    [30]**rocher** rock    [31]**je m'y suis enfoncé** I sank down (in it)    [32]**aisselles** armpits    [33]**poules** hens    [34]**ont cassé** broke

## III

Le maître a écouté le récit bouche bée.[35] Il n'est pas prêt.

—Oh, tu as gagné ma part de récolte, dit le maître. Moi, je ne peux inventer une si jolie menterie!

Le maître a donc donné sa part de récolte au métayer. Depuis ce temps, quand il veut rire[36] un peu, le maître demande à son métayer de lui raconter une bonne menterie!

## Exercices

1. Dans le passage suivant, dites à quoi se réfère le pronom en italique:

   «Maître, ma part de récolte *m*'est nécessaire pour vivre.»

   Ici, le pronom «m'», utilisé par le métayer, se réfère

   **a.** à sa part de récolte.
   **b.** à lui-même (le métayer).
   **c.** à son maître.

2. Utilisez le vocabulaire appris dans ce conte pour faire une compétition de belles menteries en classe ou par écrit.

   **a.** Imaginez une autre belle menterie que le métayer pourrait dire à son maître.
   **b.** Le maître répond avec sa propre menterie. Inventez un récit.

---

[35]**bouche bée** astonished, open-mouthed       [36]**rire** to laugh

# Vocabulaire

## A

**abattre** to cut down
**abeille** *f* bee
**aboyer** to bark
**abriter** to give cover
**accorder** to grant
**accoucher** to give birth
**accrocher, s'~** to get caught
**affamé(e)** hungry, starving
**affreux(euse)** frightful
**agir** to act
  **s'~ de** to concern, be about
**agenouillé(e)** on his/her knees
**aîné(e)** elder, eldest
**ail** *m* garlic
**airs** *m*, **dans les ~** in the sky
**aisselle** *f* armpit
**aller, s'en ~** to go away, move off
**allumette** *f* match
**amant(e)** *m, f* lover
**amener** to take along
**anciens, les ~** *m* the ancients
**âne** *m* donkey
**apercevoir** to notice, see
**appartenir** to belong
**appuyer, s'~** to lean (on, against)
**arachide** *f* peanut
**argent** *m*, **pièces** *fpl* **d'~** silver coins
**arriver à portée de** to get within range
**arroser** to water
**aspirer** to breathe in
**assez, en avoir ~** to be fed up
**assister à** to witness
**asseoir, s'~** to sit down
**assurer la garde** to stand guard (over)
**attacher** to tie up

**attelage** *m* harness
**atteler** to harness
**attention** *f*, **attirer l'~** to catch the attention
**attirer** to attract
**aube** *f,* **à l'~** at dawn
**autant que** as much as
**autrefois** earlier, in the past
**avait, il y ~ une fois** once upon a time
**avaler (tout rond)** to swallow (whole)
  **~ d'un coup** to swallow in one go
**avenir** *m*, **à l'~** in the future
**avertir** to warn
**aveugle** blind
**avoine** *f* oats
**avoir d'autres chats à fouetter** to have other fish to fry
  **~ du mal à** to find (something) difficult (to do)
  **en ~ assez** to be fed up
  **~ le dessus** to have the upper hand
  **~ le droit de** to have the right to
**avoisinant(e)** nearby

## B

**bâillonner** to gag
**balayer** to sweep
**balle** *f* **d'avoine** bale of oats
**bananier** *m* banana tree
**barbe** *f* beard
**beau-fils** *m* son-in-law
**beaux-parents** *m* in-laws
**beau-père** *m* father-in-law
**bec** *m*, **coup** *m* **de ~** peck
**bel et bien** well and truly

**belle-mère** *f* step-mother; mother-in-law

**bénir** to bless

**bien** very

  **bel et** ~ well and truly

**bijou** *m* (piece) of jewelry

**bijoutier** *m* jeweler

**billet** *m* bill (paper money)

**bois** *m* wood; woods

**bord** *m* hem

**bouche bée** open-mouthed (in surprise)

**bouger** to move

**bout** *m*, **mener (quelqu'un) par le** ~ **du nez** to lead (someone) by the nose

**boutique** *f* shop, store

**braire** to bray

**brasser** to stir, mix up

**brave homme** *m* a good sort

**bref** in short

**brisé(e)** broken

**brodé(e)** embroidered

**broussaille** *f* undergrowth

**bruit** *m* noise

**brûler** to burn

**bûcher** to chop up; to work hard (*coll.*)

**bûcheron** *m* woodcutter

**buffle** *m* buffalo

**buisson** *m* bush

**butin** *m* plunder, loot

## C

**cacher** to hide

**cachette** *f* hiding place

**cadet(te)** *m, f* younger, youngest

**cambriolage** *m* burglary

**cambrioler** to break in, to burglarize

**car** for, since, because

**cari** *m* curry

**carrosse** *m* coach, carriage

**case** *f* hut

**casse-pieds** *m* pain-in-the-neck (*coll.*)

**cassé(e)** broken

**casser** to break

**ceinture** *f* belt

**cendre** *f* ash

**c'en était un(e)** that's what he (she) was

**cette nuit** *f* tonight

**chaleur** *f* heat

**champ** *m* (**voisin**) (neighboring) field

**champ, sur-le-**~ immediately, instantly

**chanter à tue-tête** to sing very loud

**chargé(e)** burdened, loaded down

**charrue** *f* plow

**chasse** *f* hunt

**chasseur** *m* hunter

**chats** *m*, **avoir d'autres** ~ **à fouetter** to have other fish to fry

**chemin** *m* path, way

**chêne** *m* oak tree

**ciel** *m* sky, heaven

**clairsemé(e)** sparse

**claque** *f* slap, blow

**coco, noix** *f* **de** ~ coconut

**coffre** *m* safe, chest

**colère** *f*, **mettre en** ~ to get (someone) angry

**commande** *f*, **remplir la** ~ to fill the order

**comme il faut** properly

**commerce** *m* business

**commère** *f* gossip, busybody

**compère** *m* crony, buddy

**complice** *m* accomplice

**complot** *m* plot

**comportement** *m* behavior

**conseil** *m*, **la nuit porte** ~ sleep on it

  ~ **des sages** council of elders

**conteur(euse)** *m, f* storyteller

**convaincre** to convince

**convenir (à)** to suit; to agree

**cordée** *f* cord

**costume** *m* suit; costume

**côte** *f* rib

**coup** *m*, **avaler d'un** ~ to swallow in one go

  ~ **de bec** *m* peck

**court(e)** short, brief

**coussin** *m* cushion

**craindre** to fear

**créer** to create

**cruche** *f* water jug

**cueillir** to pick (fruit)

**cuire tout rond** to cook (something) whole
**cuisse** *f* haunch
**cuve** *f* vat

# D

**débarrasser de, se** ~ to get rid of
**débrouiller, se** ~ to manage, get along
**déception** *f* disappointment
**décevoir** to disappoint
**déchiré(e)** torn
**déçu(e)** disappointed
**dédié(e)** dedicated
**déesse** *f* goddess
**défaire** to take apart
**défait(e)** undone
**défoncer** to break in, break down
**dégager, se** ~ to clear, free
**dehors, en** ~ **de** outside of
**demande** *f* **en mariage** marriage proposal
**demi-sœur** *f* half-sister
**dent** *f* **de sagesse** wisdom tooth
**dentelle** *f,* **voile** *m* **de** ~ lace veil
**déplacer, se** ~ to move
**déposer** to put down, away
**dessiner** to draw
**dessus** *m,* **avoir le** ~ to have the upper hand
**deviner** to guess
**dévouement** *m* self-sacrifice
**diable aux vaches!** (a common saying and here, a play on words)
**Dieu** God
**dire, vouloir** ~ to mean
**dissoudre** to dissolve
**dite, à l'heure** *f* ~ at the appointed time
**domestique** *m, f* servant
**don** *m* gift, talent
**donner du génie à** make (someone) clever
**donner une tape** to slap
**donner rendez-vous** to make a date, an appointment
**doré(e)** gilded, golden
**douceur** *f* sweetness
**douter, se** ~ to suspect

**doux (douce)** sweet, kind
**doyen(ne)** dean, elder
**droit** *m,* **avoir le** ~ **de** to have the right to

# E

**ébloui(e)** dazzled
**échapper de, s'**~ to escape from
**éclats** *m,* **rire aux** ~ to burst out laughing
**écraser** to crush
**écriteau** *m* sign
**effrayé(e)** frightened
**éloigner, s'**~ to move away, off
**emballer** to wrap
**empêcher** to prevent
**emporter** to take away, along
**enfoncer, s'**~ to sink in
~ **une porte** *f* to break down a door
**enfuir, s'**~ to run away
**engrais** *m* fertilizer
**enjôler** to coax, to wheedle
**en revenir, ne pas** ~ to disbelieve, not to be able to get over (something)
**enrichir, s'**~ to get rich
**entraîner** to drag off
**entremêler** to mingle
**envoler, s'**~ to fly away
**envie** *f* **soudaine** sudden desire, urge
**épaule** *f* shoulder
**épicerie** *f* grocery
**épicier(ère)** *m, f* grocer
**épine** *f* thorn
**époux (épouse)** *m, f* husband (wife)
**épreuve** *f* test, ordeal
**mettre à l'**~ to put to the test, to test
**épuisé(e) de, être** ~ to be tired out from
**épuisement** *m,* **mourir d'**~ to die of exhaustion
**escalier** *m,* **marches** *f* **d'**~ steps (of a stairway)
**esclavage** *m* slavery
**esclave** *m, f* slave
**étage** *m,* **à l'**~ upstairs
**étendu(e)** stretched out
**éternuer** to sneeze

**étirer** to stretch out
**étonnant(e)** surprising
**étonner** to surprise
  **s'~ de** to be surprised at
**étouffer, s'~** to choke; to smother
**être** *m* being
**être** to be
  **~ en train de** to be in the process of, busy (doing something)
  **~ épuisé(e) de** to be tired out from
  **~ plus exigeant(e)** to demand more
**étreinte** *f* grasp
**événement** *m* event
**éviter à tout prix** to avoid at all cost
**exécution** *f,* **mettre à ~** to put into action, carry out
**exhiber** to display
**exigeant(e), être plus ~** to be more demanding

**F**
**fabriquer** to make
**face** *f,* **faire ~ à** to confront
**fâché(e)** angry
**façon** *f,* **de toute ~** in any event
**faillir** + *inf* almost + *verb*
**fainéant(e)** lazy-bones
**faire, ~ face à** to confront
  **~ la fête** to party
  **~ la lessive** to do the laundry
  **~ les courses** to do the errands
  **~ pitié** to feel sorry for
  **~ un vœu** to make a wish
**falloir (il faut)** to need
**farine** *f* flour
**faut, comme il ~** properly
**fée** *f* fairy
**féliciter** to congratulate
**fête** *f,* **faire la ~** to party
**feu** *m,* **mettre le ~ (à)** to set fire (to)
**fève** *f* bean
**fibres** *f* **d'ail** garlic fibers
**fier (fière)** proud
**figure** *f* face
**filer** to spin
**fixe, à heure ~** at the same time every day

**fois** *f,* **il y avait une ~** once upon a time
**follement** madly
**fond** *m,* **au ~ de** at the bottom of
**forme** *f,* **en ~** in good condition, (physically) fit
**fort** very
**fou (folle)** *m, f* madman (madwoman)
**fouetter, avoir d'autres chats à ~** to have other fish to fry
**frapper** to hit; to knock
**frérot** *m* little brother (*coll.*)
**fumer** to smoke
**fuseau** *m* skein
**fusil** *m* gun
**futé(e)** clever

**G**
**galette** *f* flat cake, bread
**garde** *f,* **assurer la ~** to stand guard (over)
**gâté(e)** spoiled
**gâter, se ~** to spoil
**gémir** to moan
**gendre** *m* son-in-law
**génie** *m,* **donner du ~** to make (someone) clever
**genou** *m* knee
**germer** to germinate
**gibier** *m* game (animal)
**gifle** *f* a slap on the face
**glands** *m pl* **d'un chêne** acorns
**glisser** to slip
**gorge** *f* throat
**grâce à** thanks to
**grand-chose, pas ~** not much
**grande personne** *f* grown-up, adult
**grange** *f* barn
**grave** serious
**gros(se)** big; fat
**guérir** to cure

**H**
**habileté** *f* skill, cleverness
**habile** clever
**habitué(e)** used to (it)
**hache** *f* axe

**herbe** *f*, **mauvaise** ~ weed
**heure** *f*, **à l'**~ **dite** at the appointed
   time
  **à** ~ **fixe** same time every day
**heureusement que** lucky that
**hideux(euse)** hideous
**homme** *m*, **brave** ~ a good sort
**hôte(esse)** *m, f* guest

**I**

**infidèle** unfaithful

**J**

**jambe** *f*, **petites jambes** short legs
**jeter un sort** to cast a spell
**joue** *f* cheek
**jouer un tour** to play a joke (on
   someone)
**journée** *f* (whole) day
**jurer** to swear

**K–L**

**labourer** to till; to plow
**laid(e)** ugly
**laisse** *f* leash
  **tenir en** ~ to keep on a leash
**laisser** + *inf* to let, allow (something
   to happen)
  **elle est à prendre ou à** ~ take her or
   leave her
**lamenter, se** ~ to groan; to complain
**lapin** *m* rabbit
**larme** *f* tear (drop)
**lécher** to lick
**lendemain** *m*, **le** ~ the next day
**lessive** *f*, **faire la** ~ to do the wash, the
   laundry
**linge** *m* laundry
**livre** *f* pound
**loin, de** ~ in the (from a) distance
**lorsque** when
**louche, c'est** ~ it's odd, strange
**louer** to rent
**loup** *m* wolf
**lourd(e)** heavy
**lutteur** *m* wrestler

**M**

**maigrichon(ne)** skinny
**mal** *m* evil
**mal** *m*, **avoir du** ~ **à** to find
   (something) difficult (to do)
  ~ **de ventre** *m* bellyache
**maladroit(e)** awkward
**malchance** *f* bad luck
**malheur** *m* misfortune
  **oiseau** *m* **de** ~ bird of ill omen
**malheureux(euse)** unhappy
**manche** *m* handle (of ax, etc.)
**manger, de quoi** ~ something to eat
**manguier** *m* mango tree
**manquer** to be missing
**marchand(e)** *m, f* shopkeeper
**marches** *fpl* **d'escalier** *m* steps (of a
   staircase)
**marécage** *m* swamp
**mariage** *m*, **demande** *f* **en** ~ marriage
   proposal
**mariée** *f*, **toilette** *f* **de** ~ bridal gown
**matinal(e)** early-rising
**maudit(e)** damned, cursed
**mauvais(e)** wrong
**mauvaise herbe** *f* weed
**méchant(e)** wicked
**méfier, se** ~ **de** to distrust
**méfiez-vous!** beware!
**même, tout de** ~ anyway
  **quand** ~ anyway
**mener** to lead
  ~ **(quelqu'un) par le bout du nez** to
   lead (someone) by the nose
**mensonge** *m* lie
**menterie** *f* lie, tall tale
**menton** *m* chin
**métayer** *m* sharecropper, tenant farmer
**métis(se)** mixed-blood
**mettre, se** ~ **à** to start (to)
  ~ **à exécution** to put into action,
   carry out
  ~ **à l'épreuve** to test
  ~ **en colère** to get (someone) angry
  ~ **en scène** to stage, present
  ~ **le feu (à)** to set fire (to)
**mieux** better
  ~ **vaut** better
**mode** *f* fashion

**moindre** least
**moisson** *f* harvest
**moitié** *f* half
**moquer, se ~ de** to make fun of
**mordre** to bite
**mort aux rats!** (a common saying, and here, a play on words)
**mourir d'épuisement** *m* to die of exhaustion
**moustique** *m* mosquito
**moyen** *m* means, measure

## N

**nez** *m*, **mener (quelqu'un) par le bout du ~** to lead (someone) by the nose
**ni ... ni** neither ... nor
**noix de coco** *f* coconut
**nombril** *m* belly button
**nouer** to knot
**nourrir** to feed
**nourriture** *f* food
**nouveau venu** *m* newcomer
**nuit** *f*, **cette ~** tonight
  **la ~ porte conseil** sleep on it

## O

**oiseau** *m* **de malheur** bird of ill omen
**opprimé(e)** oppressed
**or** now, then
**or** *m* gold
**oser** to dare
**ôter** to take out
**ouvrier(ère)** *m, f* worker

## P

**pagode** *f* pagoda
**panier** *m* basket
**papier** *m*, **je t'en passe un ~** I'm telling you! You better believe it!
**par-delà** beyond
**par-dessus tout** above all
**pari** *m* bet
**parole** *f* word
**partager** to share
**pas** *m* step
**passant(e)** *m, f* passerby

**passer, je t'en passe un papier!** I'm telling you! You better believe it!
**pattes** *f*, **à quatre ~** on all fours
**peau** *f* skin
**pêcher** to fish
**peine** *f*, **valoir la ~** to be worth it
  **à ~** hardly, barely
  **avec ~** with difficulty
**perdre** to lose
**peser** to weigh
**peu** very little, hardly
**pièce** *f* patch; room (of a house); coin
**piège** *m* **(tendu)** trap (laid)
  **se prendre à son propre ~** to fall into one's own trap
**pintade** *f* guinea hen
**pire** worse, worst
**pis, tant ~!** too bad!
**pitié** *f*, **faire ~** to feel sorry for
**plaindre, se ~** to complain
**plaire** to please
**plant** *m* seedling
**pleurer** to cry
**plier** to fold
**poignarder** to stab
**poil** *m* hair
**policier, roman** *m* **~** detective story
**porte, la nuit ~ conseil** sleep on it
**portée** *f*, **arriver à ~ de** to get within range of
**pouce** *m* inch; thumb
**poule** *f* hen
**pourri** *m*, **sentir le ~** to smell rotten
**pousse** *f* (young) shoot, sprout
**pousser** to grow, sprout
**poussière** *f* speck of dust
**pouvoir** *m* power
**pouvoir, je n'en peux plus** I can't take it anymore
**précipiter, se ~** to rush
**premier(ère), le/la ~** the first
**prendre** to take
  **se ~ à son propre piège** to fall into one's own trap
  **elle est à ~ ou à laisser** take her or leave her
  **~ grand soin** to take excellent care
  **~ son vol** to take off
**près, de ~** closely

**prétendant** *m* suitor
**princier(ère)** royal, princely
**priver, se ~ de** to deprive oneself
**prix** *m*, **éviter à tout ~** to avoid at all cost
**profiter de** to take advantage of
**pudique** modest, shy
**puissant(e)** powerful
**puits** *m* well

## Q

**quand même** anyway
**quant à** as for
**qui** who, whom(ever)
**quoi, de ~ manger** something to eat

## R

**racine** *f* root
**ragaillardi(e)** revived, cheered up
**ramasser** to gather, pick up
**ramener** to bring back
**rappeler, se ~** to recall, remember
**rapporter** to bring back; to produce
**rattraper** to catch
**réclamer** to claim, ask for
**récolte** *f* crop
**récolter** to harvest
**reculer** to back away, back up
**réfléchir** to reflect
**regard** *m* look
**régler** to settle
**remplir (la commande)** to fill (the order)
**remuer** to move
**rendez-vous** *m*, **donner ~** to make a date, an appointment
**rendormir, se ~** to fall back to sleep
**rendre (la vue)** to restore (sight)
   **~ un service** to do (someone) a favor
   **se ~ à** to go to
   **se ~ malade** to make oneself sick
**renvoyer** to send away
**replier, se ~ sur soi-même** to curl up
**revanche** *f* revenge
**réveil** *m*, **à son ~** on waking

**revenir, ne pas en ~** to disbelieve, not to be able to get over it
**rêver** to dream
**revoler** to fly (*coll.*)
**rire (de)** to laugh (at)
   **~ aux éclats** to burst out laughing
**rizière** *f* rice field
**rocher** *m* large rock
**rôle** *m*, **à tour de ~** in turn, by turns
**roman** *m* **policier** detective story
**rond, avaler tout ~** to swallow whole
   **cuire tout ~** to cook whole
**ruche** *f* beehive
**ruer** to kick, lash out (animal)
**ruisseau** *m* stream

## S

**sabot** *m* hoof
**sage** *m* wise man, elder
**sagesse** *f* wisdom
**saisir** to grab
**sale** dirty
**salé(e)** salt(ed); salty
**santé** *f* health
**sauvage** wild
**sauver, se ~** to run away
**scène** *f*, **mettre en ~** to stage, present
**sèchement** dryly
**selon** according to
**semer** to sow (seeds)
**sentir le pourri** to smell rotten
**serrer** to grip
**serrure** *f*, **trou** *m* **de la ~** keyhole
**service** *m*, **rendre (un) ~ (à quelqu'un)** to do (someone) a favor
**serviteur** *m* servant, courtier
**sinon** otherwise, or else
**soie** *f* silk
**soigner** to take care of
**soin** *m*, **prendre ~** to take care
**soit** that is
**sol** *m* earth, ground
**sorcier(ère)** *m, f* witch
**sort** *m*, **jeter un ~** to cast a spell
**soudain(e)** sudden
**souffler** to whisper; to blow; to suggest (*coll.*)
**soulever, se ~** to lift, raise

**soupçonner** to suspect
**sourire** to smile
**suivre** to follow
  ~ **à la trace** to follow closely
**sur-le-champ** instantly
**sursauter** to leap up
**surveiller** to spy on
**suspect(e)** suspicious

# T

**tache** *f* spot
**tailleur** *m* tailor
**tant pis!** too bad!
**tape** *f,* **donner une** ~ to slap
**tas** *m* pile
**tellement** so much
**tendu, piège** *m* **tendu** trap laid
**tenir en laisse** to keep on a leash
**tenter** to try
**tiens!** well, what do you know!
**toilette** *f* **de mariée** bridal gown
**tombée** *f* **du jour** *m* dusk, nightfall
**tordu(e)** twisted
**torticolis** *m* stiff neck
**tortue** *f* turtle
**touffe** *f* tuft
**tour** *m,* **à** ~ **de rôle** in turn, by turns
  **jouer un** ~ to play a joke (on
  someone)
**trace** *f,* **suivre à la** ~ to follow
  closely
**train** *m,* **être en** ~ **de** to be in the
  process of
**trébucher** to trip over
**tresse** *f* braid
**tressé(e)** braided

**tromper** to cheat, deceive
**tronc** *m* **d'arbre** *m* tree trunk
**trou** *m* **de la serrure** *f* keyhole
**tue-tête, chanter à** ~ to sing very loud
**tuer** to kill

# U

**un(e), c'en était** ~ that's what he (she)
  was

# V

**valoir,** ~ **la peine** *f* to be worth the risk
  ~ **mieux** to be better
**va-t-en!** go away
**vaurien** *m* good-for-nothing
**venir de** + *inf* to have just (done
  something)
**ventre** *m* belly, abdomen
  **mal** *m* **de** ~ bellyache
**venu** *m,* **nouveau** ~ newcomer
**verrouillé(e)** locked, bolted
**vider** to empty
**vif (vive)** bright
**vilain(e)** nasty
**villageois(e)** *m, f* villager
**vœu** *m* wish
  **faire un** ~ to make a wish
**voile** *m* **de dentelle** lace veil
**voisin(e)** *m, f* neighbor
  **champ** *m* ~ neighboring field
**vol** *m* theft
**vol** *m* flight
  **prendre son** ~ to take off
**voleur (voleuse)** *m, f* thief
**vouloir dire** to mean
**vue** *f,* **à sa** ~ upon seeing him/her